佛教文化经典丛书

白话无量寿经

全注·全译·文白对照

注译◎文军

陕西新华出版 三秦出版社

图书在版编目（CIP）数据

白话无量寿经 / 文军 注译. —西安：三秦出版社，2021.11（2025.9重印）

（佛教文化经典丛书）

ISBN 978-7-80628-190-1

Ⅰ. ①白… Ⅱ. ①文… Ⅲ. ①无量寿经 - 注释 ②无量寿经 - 译文 Ⅳ. ① B946.8

中国版本图书馆 CIP 数据核字（2012）第 064244 号

佛教文化经典丛书

白话无量寿经

文军　注译

出版发行	三秦出版社
社　　址	西安市雁塔区曲江新区登高路1388号
电　　话	（029）81205236
邮政编码	710061
印　　刷	三河市兴达印务有限公司
开　　本	720mm×1000mm　　1/16
印　　张	15.5
字　　数	164千字
版　　次	2021年11月第2版
印　　次	2025年9月第7次印刷
标准书号	ISBN 978-7-80628-190-1
定　　价	68.00元
网　　址	http://www.sqcbs.cn

总　序

　　佛教于公元前6世纪诞生在印度次大陆，西汉时期传入中国，与中国固有文化发生冲突和融合，使得中国传统文化变得更加丰富多彩，博大精深，逐渐形成了以儒家文化为主、以道家文化和佛教文化为辅的文化格局。这种格局几乎贯穿于整个中国封建时代。要真正了解中华传统文化，就必须了解中华佛教文化。随着社会历史的风云际会，文化潮流的峰回路转，在人类迈入新世纪之时，越来越多的人们开始把目光投向神秘的佛教文化。

　　佛教文化的载体就是各个时代传下来的汗牛充栋的佛教经典。正如儒家典籍分为经、史、子、集一样，佛教典籍也细分为经、律、论三大类，号称"佛法三藏"。"经"的地位最高，是佛陀为指导弟子修行所宣说的理论。因此，今天的人们最为关注的也就是这些"佛经"。

　　人们激赏、关注佛经，有着各种各样的动机。不管怎样，佛经毕竟已经不再局限于佛教内部，不再只是佛门弟子朝夕诵读的宝卷。学者们探幽发微，极力领悟通达无碍的大乘般若，解读出神入化的因明思辨，进而把握佛教文化与中国文化的脉络。普通人出于修身养性的需要,在接受了儒家和道家四书五经、道德南华的洗礼之后,自然而然地渴求从佛家的经典中汲取智慧和精神营养。如果说读书是千古风雅之事,那么读佛经更是被看做雅中之雅。正如明代学者陈继儒所言:"闭门阅佛书,开门接佳客,出门寻山水,此人生三乐。"相信不少人就是抱着这种心态去读佛经的。

读佛经固然富有禅意,可是佛经却并非人人都能读懂,除了少数学者外,即使是终日诵习的佛门弟子,也常常受到"文字障"的困扰,更不用说一般读者了。有鉴于此,我社应读者的要求,组织国内佛教研究专家,编写了这套"佛教文化经典丛书",选取十一部在佛教史上影响最大、在中国僧俗群众中名气最大的著名经典,详加注解破译,以便让深邃精妙的禅机法慧,化作为大众所喜闻乐见的菩提甘泉,滋溉读者的心田。这十一部经典是:《金刚经》《法华经》《圆觉经》《地藏菩萨本愿经》《六祖坛经》《楞伽经》《楞严经》《阿弥陀经》《无量寿经》《观无量寿经》《胜鬘经》。注译者抱着高度负责的态度,发扬当年译经大德的精神,潜心体悟,字斟句酌,力求使"二次传译"保持原经文的神韵,而又不失质朴和通俗晓畅。我们真诚地希望广大读者提出宝贵的意见,以便使丛书越出越好。

目　录

序 ……………………………………… 001
经文集录 ……………………………… 001
经文注译 ……………………………… 038
　法会圣众第一 ……………………… 038
　德遵普贤第二 ……………………… 053
　大教缘起第三 ……………………… 070
　法藏因地第四 ……………………… 077
　至心精进第五 ……………………… 083
　发大誓愿第六 ……………………… 089
　必成正觉第七 ……………………… 105
　积功累德第八 ……………………… 109
　圆满成就第九 ……………………… 115
　皆愿作佛第十 ……………………… 117
　国界严净第十一 …………………… 119
　光明遍照第十二 …………………… 122
　寿众无量第十三 …………………… 125

宝树遍国第十四	……	127
菩提道场第十五	……	129
堂舍楼观第十六	……	132
泉池功德第十七	……	135
超世希有第十八	……	138
受用具足第十九	……	140
德风华雨第二十	……	142
宝莲佛光第二十一	……	145
决证极果第二十二	……	147
十方佛赞第二十三	……	149
三辈往生第二十四	……	151
往生正因第二十五	……	156
礼供听法第二十六	……	159
歌叹佛德第二十七	……	163
大士神光第二十八	……	166
愿力宏深第二十九	……	168
菩萨修持第三十	……	171
真实功德第三十一	……	176
寿乐无极第三十二	……	180
劝谕策进第三十三	……	183
心得开明第三十四	……	187

浊世恶苦第三十五 …………… 190

重重诲勉第三十六 …………… 197

如贫得宝第三十七 …………… 199

礼佛现光第三十八 …………… 202

慈氏述见第三十九 …………… 207

边地疑城第四十 ……………… 210

惑尽见佛第四十一 …………… 214

菩萨往生第四十二 …………… 219

非是小乘第四十三 …………… 222

受菩提记第四十四 …………… 224

独留此经第四十五 …………… 227

勤修坚持第四十六 …………… 229

福慧始闻第四十七 …………… 231

闻经获益第四十八 …………… 233

序

望着眼前这长长的佛经名称，我们也许不知道它到底是一部怎样的经典，但我们对"西方极乐世界"的称呼并不陌生，一句"南无阿弥陀佛"，更将佛教从遥远的天国世界拉入到人们的身边，几乎成了汉传佛教的代名词。

《佛说大乘无量寿清净庄严平等觉经》是古印度佛教的经典著作之一，梵文作 Aparimitāyursūtra，也称为《无量寿经》、《大无量寿经》、《大经》、《双卷经》。该经最早流行于印度北部的犍陀罗地区，时间约在公元1至2世纪的贵霜王朝统治时期。

《无量寿经》主要讲述阿弥陀佛在未成佛以前，作为法藏比丘时所做的因行功德，以及他成就佛果后所建立的西方极乐净土世界的美好庄严情景。大致包括阿弥陀佛成佛的因果，净土依正二报以及众生往生的行果三部分。

该经称释迦牟尼佛在王舍城的耆阇崛山上说法的时候，应其弟子阿难之请，向众大比丘及大菩萨宣讲在过去世自在王时，有一位大国的国王闻听了自在王说法后，顿然开悟，于是出家做了比丘，法名为法藏，并立下四十八个大誓愿（有的经文中说是二十三个、二十四个、三十六个、四十九个或四十六个），决心建立一个清静庄严的净土世界，庄严佛土，利乐众生。由于佛力的加持，他考察了二百一十亿诸佛的国土，经过精勤思维、艰苦修行，他终于积累了无量功德，成就了佛果，名无量寿或无量光，号阿弥陀，从而也成就了庄严的安乐净土——西方极乐世界。在他的这一净土世界中，有无数的声闻菩萨，讲堂精舍、宫殿楼台、宝树花池等全都饰以金、银、琉璃、珊瑚、琥珀、砗磲等七种珍宝；国中之人众容貌堂堂，仪表端庄，随意饮食，随意来往，远离诸苦，尽情享乐；国中的菩萨都得到佛的预言，预言他们将来必定成佛；众生往生彼国者都会入正定聚，即达到不堕入恶趣和声闻、缘觉二乘的菩萨境地，皆具三十二相，智慧圆通，神通无碍，殊胜安乐；佛国之中常常伎乐声声不绝，香花飘洒不断。佛劝弥勒及诸天人等各勤精进，信守持受佛法，并依此修行，最后皆能在极乐世界七宝花中化生。弥勒等诸大菩萨听了佛所说的话后，都欢欣鼓舞，表示按佛所说而行。

《无量寿经》的宗旨是为了使众生能够生发菩提之心，一向专念阿弥陀佛。菩提心是大乘佛教各宗派修学的基础，一般地说，菩提心的生发有两条途径，其一是随事生发，即随着发下四个宏大誓愿这一事实而生发出菩提心，这四大弘誓为：众生无边誓愿度，烦恼无尽誓愿断，法门无量誓愿学，佛道无上誓愿成。其二是顺理生发，即是要了达诸法无常的真理，持之以恒地修行六度。这种随顺真如真理所生发的菩提之心被认为是功德无量的。《无量寿经》要求人们所生发的菩提之心是信愿持念阿弥陀佛之名，发愿往生西方极乐世界，并普愿众生亦能往生西方极乐世界。一向专念阿弥陀佛，是指从人们初发菩提心之始,直至临终之时,都要对阿弥陀佛保持信任不疑的态度,以及忆念不断的行为。在阿弥陀佛的四十八大誓愿中,"十念必生愿"可谓是愿中之王,本经之核心。只有这样,才能往生净土,圆证三不退:即位不退、行不退、念不退。否则将堕入畜生、饿鬼、地狱三途之中,"无量苦恼,累劫难出,痛不可言"。

《无量寿经》以大量的篇幅对西方极乐净土世界作了详尽的描绘。所谓"净土"是相对"秽土"而言的。认为佛所居住的国土清净美好,没有污染杂秽,故而是净土;而世人所居住的地方则恰恰相反,污秽不堪,所以是"秽土",也就是娑婆世界,这里充满五恶、五痛、五烧之相,与净土众生的悠然自乐之相完全形成了鲜明的对照。以此鼓励众生断恶修善,勤行求道,远离秽土,往生净土。对于净土的信仰,在中国早期除阿弥陀净土信仰外,还有东方药师琉璃光佛的净土信仰,以及未来佛弥勒的兜率天宫净土信仰等,如我国东晋时的著名僧人道安和唐代名僧玄奘都信仰弥勒净土。

《无量寿经》在中国佛教史上影响很大,它与《观无量寿经》、《阿弥陀经》共称为净土三经,是中国佛教净土宗所依据的主要经典。

早在东晋时期,庐山僧人慧远即在东林寺创立了白莲社,聚集了120余名僧徒,在阿弥陀佛像前立誓,愿往生西方净土。慧远的这一举动,使他被推上净土宗始祖的地位。其实他这时所说的念只是禅观的一种,而非《无量寿经》以及后世净土宗所提倡的称名念佛。而东魏的昙鸾(476—542),更是大力弘扬《无量寿经》,并作《往生论注》，提出达到解脱的难行、易行之说，对净土宗的形成作出了重大贡献。昙鸾认为，依靠个人的勤苦修行，追求解脱非常困难，主要因为外道伪装，混淆了大乘佛法；小乘自求解脱，而阻塞了以普度众生为宗旨的慈悲精神；有无顾忌的恶人进行捣乱；善恶不分，破坏清净之行；靠自力修行，而不相信依靠佛的他力拯救，这属于难行道。如果诚心相信阿弥陀佛的愿力，希望往生安乐净土，就可借助佛力在死后往生净土之中，达到不退转的菩萨境地。这是易行道。随后，道绰（562—645）著《安乐集》，再次阐述了这种难行、易行之说，并强调指出净土门是达到解脱的惟一之路。他的这种思想使善导受到感悟，便在长安大力宣扬净土思想，提倡念佛，并抄写《阿弥陀经》数万卷，又画《净土变相》三百余壁，所著《观经疏》、《往生礼赞》等更组成了净土宗教义仪规，正式创立了净土宗，要求人们相信阿弥陀佛的神通力量，反复诵念"南无阿弥陀佛"，死后即可往生西方极乐世界。这也正是《无量寿经》所讲述的中心内容。

《无量寿经》在净土三经中是篇幅最长的一部经，它的影响不仅在中国，而且在朝鲜、越南、日本等都是很大的。尤其是在日本，早在9世纪时即被入唐求法的僧人圆仁传入了。日僧慧隐还曾在皇宫中宣讲《无量寿经》。奈良时期，有三论宗的智光专求净土。直到12世纪，日本净土宗开创者源空（法然）、净土真宗开创者亲鸾更是专依《无量寿经》，进一步将他力、易行之义理作了更详尽深入的发挥。

佛说大乘无量寿庄严清净平等觉经

菩萨戒弟子郓城夏莲居会集各译

经文集录

法会圣众第一

如是我闻：一时佛在王舍城，耆阇崛山中，与大比丘众万二千人俱，一切大圣，神通已达，其名曰：尊者憍陈如、尊者舍利弗、尊者大目犍连、尊者迦叶、尊者阿难等，而为上首；又有普贤菩萨、文殊师利菩萨、弥勒菩萨及贤劫中一切菩萨，皆来集会。

德遵普贤第二

又贤护等十六正士，所谓善思惟菩萨、慧辩才菩萨、观无住菩萨、神通华菩萨、光英菩萨、宝幢菩萨、智上菩萨、寂根菩萨、信慧菩萨、愿慧菩萨、香象菩萨、宝英菩萨、中住菩萨、制行菩萨、解脱菩萨，而为上首。

咸共遵修普贤大士之德，具足无量行愿，安住一切功德法中。游步十方，行权方便，入佛法藏，究竟彼岸。

愿于无量世界成等正觉。舍兜率，降王宫，弃位出家，苦行学道，作斯示现，顺世间故。以定慧力，降伏魔怨。得微妙法，成最正觉。天人归仰，请转法轮。常以法音觉诸世间，破烦恼城，坏诸欲堑，洗濯垢污，显明清白。调众生，宣妙理，贮功德，示福田；以诸法药，救疗三苦；升灌顶阶；授菩提记；为教菩萨，作阿阇黎；常习相应，无边诸行；成熟菩萨，无边善根。无量诸佛咸共护念。

诸佛刹中，皆能示现。譬善幻师，现众异相，于彼相中，实无可得。此诸菩萨，亦复如是。通诸法性，达众生相；供养诸佛，开导群生，化现其身；犹如电光，裂魔见网，解诸缠缚。远超声闻辟支佛地，入空、无相、无愿法门。善立方便，显示三乘。于此中下，而现灭度，得无生、无灭诸三摩地，及得一切陀罗尼门，随时悟入华严三昧。具足总持百千三昧，住深禅定，悉睹无量诸佛。于一念顷，遍游一切佛土。

得佛辩才，住普贤行。善能分别众生语言，开化显示真实之际，超过世间诸所有法，心常谛住度世之道，于一切万物随意自在。为诸庶类，作不请之友。受持如来甚深法藏，护佛种性常使不绝。兴大悲，悯有情，演慈辩，授法眼，杜恶趣，开善门。于诸众生，视若自己；拯济负荷，皆度彼岸，悉获诸佛无量功德。智慧圣明，不可思议。如是等诸大菩萨，无量无边，一时来集。又有比丘尼五百人，清信士七千人，清信女五百人，欲界天、色界天诸天梵众，悉共大会。

大教缘起第三

尔时世尊，威光赫奕。如融金聚，又如明镜，影畅表里，现大光明，数千百变。尊者阿难，即自思惟：今日世尊色身诸根，悦豫清净，光颜巍巍，宝刹庄严。从昔以来，所未曾见，喜得瞻仰，生希有心。即从座起，偏袒右肩，长跪合掌而白佛言：世尊今日入大寂定，住奇特法，住诸佛所，住导师之行最胜之道。去来现在佛佛相念，为念过去未来诸佛耶？为念现在他方诸佛耶？何故威神显耀、光瑞殊妙乃尔？愿为宣说。

于是世尊告阿难言：善哉！善哉！汝为哀悯利乐诸众生故，能问如是微妙之义，汝今斯问，胜于供养一天下阿罗汉、辟支佛，布施累劫诸天人民、蜎飞蠕动之类功德百千万倍。何以故？当来诸天人民、一切含灵皆因汝问而得度脱故。阿难！如来以无尽大悲，矜哀三界，所以出兴于世，光阐道教，欲拯群氓，惠以真实之利，难值难见，如优钵花，希有出现，汝今所问，多所饶益。

阿难当知，如来正觉，其智难量，无有障碍；能于念顷，住无量亿劫，身及诸根，无有增减。所以者何？如来定慧，究畅无极，于一切法，而得最胜自在故。阿难谛听，善思念之。吾当为汝，分别解说。

法藏因地第四

佛告阿难：过去无量不可思议无央数劫，有佛出世，名世间自在王如来、应供、等正觉、明行足、善逝、世间解、无上士、调御丈夫、天人师、佛、世尊。在世教授四十二劫，时为诸天及世人民，说经讲道。

有大国主名世饶王，闻佛说法，欢喜开解，寻发无上真正道意，弃国捐王，行作沙门，号曰法藏，修菩萨道；高才勇哲，与世超异，信解明记，悉皆第一。又有殊胜行愿及念慧力；增上其心，坚固不动，修行精进，无能逾者。往诣佛所，顶礼长跪，向佛合掌，即以伽他赞佛，发广大愿，颂曰：

　　如来微妙色端严，一切世间无有等；
　　光明无量照十方，日月火珠皆匿曜；
　　世尊能演一音声，有情各各随类解；
　　又能现一妙色身，普使众生随类见。
　　愿我得佛清净声，法音普及无边界；
　　宣扬戒定精进门，通达甚深微妙法。
　　智慧广大深如海，内心清净绝尘劳；
　　超过无边恶趣门，速到菩提究竟岸。
　　无明贪瞋皆永无，惑尽过亡三昧力；
　　亦如过去无量佛，为彼群生大导师。
　　能救一切诸世间，生老病死众苦恼；
　　常行布施及戒忍，精进定慧六波罗。
　　未度有情令得度，已度之者使成佛；
　　假令供养恒沙圣，不如坚勇求正觉。
　　愿当安住三摩地，恒放光明照一切；
　　感得广大清净居，殊胜庄严无等伦。
　　轮回诸趣众生类，速生我刹受安乐；
　　常运慈心拔有情，度尽无边苦众生。
　　我行决定坚固力，唯佛圣智能证知；
　　纵使身止诸苦中，如是愿心永不退。

至心精进第五

法藏比丘说此偈已，而白佛言：我今为菩萨道，已发无上正觉之心,取愿作佛,悉令如佛。愿佛为我广宣经法,我当奉持,如法修行。拔诸勤苦生死根本,速成无上正等正觉。欲令我作佛时,智慧光明。所居国土,教授名字,皆闻十方。诸天人民及蜎蠕类,来生我国,悉作菩萨。我立是愿,都胜无数诸佛国者,宁可得否?

世间自在王佛即为法藏而说经言:譬如大海一人斗量,经历劫数,尚可穷底。人有至心求道,精进不止,会当克果,何愿不得?汝自思维,修何方便,而能成就佛刹庄严。如所修行,汝自当知。清净佛国,汝应自摄。

法藏白言:斯义宏深,非我境界。惟愿如来应正遍知,广演诸佛无量妙刹。若我得闻如是等法,思维修习,誓满所愿。

世间自在王佛知其高明,志愿深广,即为宣说二百一十亿诸佛刹土。功德严净、广大圆满之相,应其心愿,悉现与之。说是法时,经千亿岁。尔时法藏闻佛所说,皆悉睹见,起发无上殊胜之愿。于彼天人善恶,国土粗妙,思维究竟,便一其心,选择所欲,结得大愿,精勤求索,恭慎保持。修习功德满足五劫,于彼二十一俱胝佛土,功德庄严之事,明了通达,如一佛刹。所摄佛国,超过于彼。

既摄受已,复诣世自在王如来所,稽首礼足,绕佛三匝,合掌而住。白言:世尊!我已成就庄严佛土清净之行。

佛言:善哉!今正是时,汝应具说,令众欢喜。亦令大众闻是法已,得大善利,能于佛刹修习摄受,满足无量大愿。

发大誓愿第六

法藏白言：唯愿世尊大慈听察。

我若证得无上菩提，成正觉已。所居佛刹，具足无量不可思议功德庄严。无有地狱、饿鬼、禽兽、蜎飞蠕动之类。所有一切众生，以及焰摩罗界，三恶道中，来生我刹，受我法化，悉成阿耨多罗三藐三菩提。不复更堕恶趣。得是愿，乃作佛；不得是愿，不取无上正觉。

我作佛时，十方世界所有众生，令生我刹，皆具紫磨真金色身；三十二种大丈夫相；端正净洁，悉同一类。若形貌差别，有好丑者，不取正觉。

我作佛时，所有众生生我国者，自知无量劫时宿命。所作善恶，皆能洞视、彻听，知十方去来现在之事。不得是愿，不取正觉。

我作佛时，所有众生生我国者，皆得他心智通。若不悉知亿那由他百千佛刹众生心念者，不取正觉。

我作佛时，所有众生生我国者，皆得神通自在波罗蜜多。于一念顷，不能超过亿那由他百千佛刹，周遍巡历供养诸佛者，不取正觉。

我作佛时，所有众生生我国者，远离分别，诸根寂静。若不决定成等正觉，证大涅槃者，不取正觉。

我作佛时，光明无量，普照十方，绝胜诸佛，胜于日月之明千万亿倍。若有众生见我光明，照触其身，莫不安乐，慈心作善，来生我国。若不尔者，不取正觉。

我作佛时，寿命无量，国中声闻天人无数，寿命亦皆无量。假令三千大千世界众生，悉成缘觉，于百千劫悉共计校,若能知其量数者,不取正觉。

我作佛时,十方世界无量刹中无数诸佛,若不共称叹我名,说我功德国土之善者,不取正觉。

我作佛时,十方众生闻我名号,至心信乐。所有善根,心心回向,愿生我国。乃至十念,若不生者,不取正觉。唯除五逆,诽谤正法。

我作佛时,十方众生闻我名号,发菩提心,修诸功德,奉行六波罗蜜,坚固不退。复以善根回向,愿生我国。一心念我,昼夜不断,临寿终时,我与诸菩萨众迎现其前,经须臾间,即生我刹,作阿惟越致菩萨。不得是愿,不取正觉。

我作佛时,十方众生闻我名号,系念我国,发菩提心,坚固不退。植众德本,至心回向,欲生极乐,无不遂者。若有宿恶,闻我名字,即自悔过,为道作善,便持经戒,愿生我刹,命终不复更三恶道,即生我国。若不尔者,不取正觉。

我作佛时,国无妇女。若有女人,闻我名字,得清净信,发菩提心,厌患女身,愿生我国,命终即化男子,来我刹土。十方世界诸众生类,生我国者,皆于七宝池莲华中化生。若不尔者,不取正觉。

我作佛时,十方众生闻我名字,欢喜信乐,礼拜归命。以清净心,修菩萨行。诸天世人,莫不致敬。若闻我名,寿终之后,生尊贵家,诸根无缺,常修殊胜梵行。若不尔者,不取正觉。

我作佛时,国中无不善名。所有众生,生我国者,皆同一心,住于定聚,永离热恼,心得清凉。所受快乐,犹如漏尽比丘。若起想念，贪计身者，不取正觉。

我作佛时，生我国者，善根无量，皆得金刚那罗延身，坚固之力。身顶皆有光明照耀，成就一切智慧，获得无边辩才，善谈诸法秘要，说经行道，语如钟声。若不尔者，不取正觉。

我作佛时，所有众生，生我国者，究竟必至一生补处。除其本愿为众生故，被弘誓铠，教化一切有情，皆发信心，修菩提行，行普贤道。虽生他方世界，永离恶趣。或乐说法，或乐听法，或现神足，随意修习，无不圆满。若不尔者，不取正觉。

我作佛时，生我国者，所须饮食、衣服、种种供具，随意即至，无不满意。十方诸佛，应念受其供养。若不尔者，不取正觉。

我作佛时，国中万物，严净光丽，形色殊特，穷微极妙，无能称量。其诸众生，虽具天眼，有能辨其形色、光相、名数及总宣说者，不取正觉。

我作佛时，国中无量色树，高或百千由旬。道场树高四百万里。诸菩萨中，虽有善根劣者，亦能了知。欲见诸佛净国庄严，悉于宝树间见，犹如明镜睹其面像。若不尔者，不取正觉。

我作佛时，所居佛刹，广博严净，光莹如镜，彻照十方无量无数、不可思议诸佛世界。众生睹者，生希有心。若不尔者，不取正觉。

我作佛时，下从地际，上至虚空，宫殿楼观，池流华树，国土所有一切万物，皆以无量宝香合成。其香普熏十方世界，众生闻者，皆修佛行。若不尔者，不取正觉。

我作佛时，十方佛刹，诸菩萨众，闻我名已，皆悉逮得清净、解脱、普等三昧，诸深总持，住三摩地，至于成佛。定中常供，无量无边一切诸佛，不失定意。若不尔者，不取正觉。

我作佛时，他方世界诸菩萨众，闻我名者，证离生法，获陀罗尼。清净欢喜，得平等住。修菩萨行，具足德本。应时不获一二三忍，于诸佛法，不能现证不退转者，不取正觉。

必成正觉第七

佛告阿难：尔时法藏比丘说此愿已，以偈颂曰：

我建超世志，必至无上道，斯愿不满足，誓不成等觉。
复为大施主，普济诸穷苦，令彼诸群生，长夜无忧恼。
生出众善根，成就菩提果，我若成正觉，立名无量寿。
众生闻此号，俱来我刹中，如佛金色身，妙相悉圆满。
亦以大悲心，利益诸群品，离欲深正念，净慧修梵行。
愿我智慧光，普照十方刹，消除三垢冥，明济众厄难。
悉舍三途苦，灭诸烦恼暗，开彼智慧眼，获得光明身。
闭塞诸恶道，通达善趣门，为众开法藏，广施功德宝。
如佛无碍智，所行慈悯行，常作天人师，得为三界雄。
说法师子吼，广度诸有情，圆满昔所愿，一切皆成佛。
斯愿若克果，大千应感动，虚空诸天神，当雨珍妙华。

佛告阿难：法藏比丘说此颂已，应时普地六种震动，天雨妙华，以散其上。自然音乐空中赞言，决定必成无上正觉。

积功累德第八

阿难,法藏比丘于世自在王如来前,及诸天人大众之中,发斯弘誓愿已,住真实慧,勇猛精进,一向专志庄严妙土。所修佛国,开廓广大,超胜独妙。建立常然,无衰无变。

于无量劫,积植德行,不起贪瞋痴欲诸想,不著色声香味触法。但乐忆念过去诸佛所修善根。行寂静行,远离虚妄,依真谛门,植众德本。不计众苦,少欲知足,专求白法,惠利群生。志愿无倦,忍力成就。于诸有情,常怀慈忍,和颜爱语,劝谕策进。恭敬三宝,奉事师长,无有虚伪谄曲之心。庄严众行,轨范具足。观法如化,三昧常寂。善护口业,不讥他过;善护身业,不失律仪;善护意业,清净无染。所有国城、聚落、眷属、珍宝,都无所著。恒以布施、持戒、忍辱、精进、禅定、智慧六度之行,教化安立众生,住于无上真正之道。

由成如是诸善根故,所生之处,无量宝藏自然发应。或为长者、居士、豪姓、尊贵;或为刹利国王、转轮圣帝;或为六欲天主,乃至梵王,于诸佛所,尊重供养,未曾间断。如是功德,说不能尽。身口常出无量妙香,犹如栴檀、优钵罗华,其香普熏无量世界。随所生处,色相端严。三十二相,八十种好,悉皆具足。手中常出无尽之宝,庄严之具,一切所须,最上之物,利乐有情。由是因缘,能令无量众生皆发阿耨多罗三藐三菩提心。

圆满成就第九

佛告阿难:法藏比丘修菩萨行,积功累德,无量无边。

于一切法而得自在，非是语言分别之所能知。所发誓愿，圆满成就，如实安住，具足庄严、威德、广大、清净佛土。

阿难闻佛所说，白世尊言：法藏菩萨成菩提者，为是过去佛耶？未来佛耶？为今现在他方世界耶？

世尊告言：彼佛如来，来无所来，去无所去。无生无灭，非过现未来。但以酬愿度生，现在西方，去阎浮提百千俱胝那由他佛刹，有世界名曰极乐。法藏成佛，号阿弥陀。成佛以来，于今十劫。今现在说法，有无量无数菩萨、声闻之众恭敬围绕。

皆愿作佛第十

佛说：阿弥陀佛为菩萨求得是愿时。阿阇王子与五百大长者，闻之皆大欢喜，各持一金华盖，俱到佛前作礼。以华盖上佛已，却坐一面听经。心中愿言：令我等作佛时，皆如阿弥陀佛。佛即知之，告诸比丘：是王子等，后当作佛。彼于前世住菩萨道，无数劫来，供养四百亿佛。迦叶佛时，彼等为我弟子。今供养我，复相值也。时诸比丘闻佛言者，莫不代之欢喜。

国界严净第十一

佛语阿难：彼极乐界，无量功德，具足庄严，永无众苦、诸难、恶趣、魔恼之名，亦无四时、寒暑、雨冥之异，复无大小江海、丘陵坑坎、荆棘沙砾、铁围、须弥、土石等山。唯以自然七宝、黄金为地，宽广平正，不可限极。微妙奇丽，清静庄严，超逾十方一切世界。

阿难闻已，白世尊言：若彼国土无须弥山，其四天王天及忉利天依何而住？

佛告阿难：夜摩兜率，乃至色、无色界。一切诸天，依何而住？

阿难白言：不可思议业力所致。

佛语阿难：不思议业，汝可知耶？汝身果报，不可思议；众生业报，亦不可思议。众生善根，不可思议；诸佛圣力，诸佛世界，亦不可思议。其国众生，功德善力，住行业地，及佛神力，故能尔耳。

阿难白言：业因果报，不可思议。我于此法，实无所惑，但为将来众生破除疑网，故发斯问。

光明遍照第十二

佛告阿难：阿弥陀佛威神光明，最尊第一，十方诸佛所不能及。遍照东方恒沙佛刹。南、西、北方，四维上下，亦复如是。若化顶上圆光，或一、二、三、四由旬，或百、千、万、亿由旬。诸佛光明，或照一、二佛刹，或照百、千佛刹。惟阿弥陀佛，光明普照无量无边无数佛刹。诸佛光明所照远近，本其前世求道所愿功德大小不同。至作佛时，各自得之。自在所作，不为预计。阿弥陀佛光明善好，胜于日月之明千亿万倍。光中极尊，佛中之王。是故无量寿佛亦号无量光佛，亦号无边光佛、无碍光佛、无等光佛，亦号智慧光、常照光、清净光、欢喜光、解脱光、安隐光、超日月光、不思议光。如是光明，普照十方一切世界。其有众生遇斯光者，垢灭善生，身意柔软。若在三途极苦之处见此光明，皆得休息。命终皆得解脱。若有众生闻其光明、威神、功德，日夜称说，至心不断，随意所愿，得生其国。

寿众无量第十三

佛语阿难：无量寿佛，寿命长久，不可称计。又有无数声闻之众，神智洞达，威力自在，能于掌中持一切世界。我弟子中大目犍连神通第一。三千大千世界所有一切星宿、众生，于一昼夜，悉知其数。假使十方众生悉成缘觉，一一缘觉，寿万亿岁，神通皆如大目犍连，尽其寿命，竭其智力，悉共推算彼佛会中声闻之数，千万分中不及一分。譬如大海，深广无边。设取一毛析为百分，碎如微尘。以一毛尘沾海一滴，此毛尘水比海孰多？阿难，彼目犍连等所知数者，如毛尘水，所未知者，如大海水。彼佛寿量及诸菩萨、声闻、天人，寿量亦尔，非以算计譬喻之所能知。

宝树遍国第十四

彼如来国多诸宝树。或纯金树、纯白银树、琉璃树、水晶树、琥珀树、美玉树、玛瑙树，唯一宝成，不杂余宝。或有二宝、三宝乃至七宝，转共合成。根茎枝干此宝所成，花叶果实他宝化作。或有宝树，黄金为根，白银为身，琉璃为枝，水晶为梢，琥珀为叶，美玉为华，玛瑙为果。其余诸树，复有七宝，互为根干枝叶华果，种种共成。各自异行，行行相值，茎茎相望，枝叶相向，华实相当。荣色光曜，不可胜视。清风时发，出五音声。微妙宫商，自然相和。是诸宝树，周遍其国。

菩提道场第十五

又其道场有菩提树，高四百万里。其本周围五千由旬，枝叶四布二十万里。一切众宝，自然合成。华果敷荣，光辉遍照。复有红、绿、青、白、诸摩尼宝，众宝之王，以为璎珞。云聚宝锁，饰诸宝柱；金珠铃铎，周匝条间；珍妙宝网，罗覆其上；百千万色，互相映饰；无量光炎，照耀无极；一切庄严，随应而现。微风徐动，吹诸枝叶，演出无量妙法音声。其声流布遍诸佛国，清畅哀亮，微妙和雅，十方世界音声之中，最为第一。若有众生，睹菩提树，闻声、嗅香，尝其果味、触其光影，念树功德，皆得六根清彻，无诸恼患，住不退转，至成佛道。复由见彼树故，获三种忍。一音响忍，二柔顺忍，三者无生法忍。

佛告阿难：如是佛刹，华果树木，与诸众生，而作佛事。此皆无量寿佛威神力故，本愿力故，满足愿故，明了、坚固、究竟愿故。

堂舍楼观第十六

又，无量寿佛讲堂精舍，楼观栏楯，亦皆七宝自然化成。复有白珠摩尼以为交络，明妙无比。诸菩萨众所居宫殿亦复如是。中有在地讲经、诵经者；有在地受经、听经者；有在地经行者；思道及坐禅者；有在虚空讲诵受听者；经行、思道及坐禅者。或得须陀洹；或得斯陀含；或得阿那含、阿罗汉。未得阿惟越致者，则得阿惟越致。各自念道、说道、行道，莫不欢喜。

泉池功德第十七

又，其讲堂左右，泉池交流，纵广深浅，皆各一等。或十由旬、二十由旬，乃至百千由旬。湛然香洁，具八功德。岸边无数栴檀香树、吉祥果树，华果恒芳，光明照耀。修条密叶，交覆于池。出种种香，世无能喻。随风散馥，沿水流芳。又复池饰七宝，地布金沙，优钵罗华、钵昙摩华、拘牟头华、芬陀利华，杂色光茂，弥覆水上。若彼众生过浴此水，欲至足者，欲至膝者，欲至腰腋，欲至颈者，或欲灌身，或欲冷者、温者，急流者、缓流者，其水一一随众生意。开神悦体，净若无形。宝沙映澈，无深不照。微澜徐回，转相灌注，波扬无量微妙音声，或闻佛法僧声，波罗蜜声，止息寂静声，无生无灭声，十力无畏声；或闻无性、无作、无我声，大慈大悲喜舍声，甘露灌顶受位声。得闻如是种种声已，其心清净，无诸分别，正直平等，成熟善根。随其所闻，与法相应。其愿闻者，辄独闻之；所不欲闻，了无所闻。永不退于阿耨多罗三藐三菩提心。十方世界诸往生者，皆于七宝池莲华中自然化生，悉受清虚之身，无极之体。不闻三涂恶恼苦难之名，尚无假设，何况实苦。但有自然快乐之音。是故彼国名为极乐。

超世希有第十八

彼极乐国所有众生，容色微妙，超世希有。咸同一类，无差别相。但因顺余方俗，故有天人之名。佛告阿难：譬如世间贫苦乞人，在帝王边，面貌形状，宁可类乎？帝王若比转轮圣王，则为鄙陋。犹彼乞人在帝王边也。转轮圣王威相第一，比之忉利天王，又复丑劣。假令帝释比第六天，虽百千倍不相类也。第六天王若比极乐国中菩萨、声闻，光颜容色，虽万亿倍不相及逮。所处宫殿、衣服、饮食，犹如他化自在天王。至于威德、阶位、神通变化，一切天人不可为比。百千万亿不可计倍。阿难应知，无量寿佛极乐国土，如是功德庄严，不可思议。

受用具足第十九

复次,极乐世界所有众生,或已生,或现生,或当生,皆得如是诸妙色身。形貌端严,福德无量,智慧明了,神通自在。受用种种,一切丰足。宫殿、服饰、香花、幡盖,庄严之具,随意所须,悉皆如念。若欲食时,七宝钵器自然在前,百味饮食自然盈满。虽有此食,实无食者。但见色闻香,以意为食,色力增长而无便秽,身心柔软,无所味着。事已化去,时至复现。复有众宝妙衣、冠带、璎珞,无量光明,百千妙色,悉皆具足,自然在身。所居舍宅,称其形色,宝网弥覆,悬诸宝铃,奇妙珍异,周遍校饰。光色晃曜,尽极严丽。楼观栏楯,堂宇房阁,广狭方圆,或大或小,或在虚空,或在平地,清净安隐,微妙快乐。应念现前,无不具足。

德风华雨第二十

其佛国土,每于食时,自然德风徐起,吹诸罗网及众宝树,出微妙音,演说苦、空、无常、无我诸波罗蜜。流布万种温雅德香。其有闻者,尘劳垢习自然不起。风触其身,安和调适,犹如比丘得灭尽定。复吹七宝林树,飘华成聚,种种色光,遍满佛土。随色次第,而不杂乱,柔软光洁,如兜罗棉。足履其上,没深四指,随足举已,还复如初。过食时后,其华自没。大地清净,更雨新华。随其时节,还复周遍,与前无异,如是六反。

宝莲佛光第二十一

又,众宝莲华周满世界。一一宝华百千亿叶。其华光明,无量种色。青色青光,白色白光,玄黄朱紫,光色亦然。复有无量妙宝百千摩尼,映饰珍奇,明曜日月。彼莲华量,或半由旬,或一、二、三、四乃至百千由旬。一一华中,出三十六百千亿光;一一光中,出三十六百千亿佛,身色紫金,相好殊特。一一诸佛,又放百千光明,普为十方说微妙法。如是诸佛,各各安立无量众生于佛正道。

决证极果第二十二

复次,阿难,彼佛国土,无有昏暗、火光、日月、星曜、昼夜之象,亦无岁月劫数之名,复无住著家室。于一切处,既无标式名号,亦无取舍分别。唯受清净最上快乐。若有善男子、善女人,若已生,若当生,皆悉住于正定之聚,决定证于阿耨多罗三藐三菩提。何以故?若邪定聚及不定聚,不能了知、建立彼因故。

十方佛赞第二十三

复次,阿难,东方恒河沙数世界,一一界中如恒沙佛。各出广长舌相,放无量光,说诚实言,称赞无量寿佛不可思议功德。南、西、北方恒沙世界,诸佛称赞亦复如是。四维上下恒沙世界,诸佛称赞亦复如是。何以故?欲令他方所有众生闻彼佛名,发清净心,忆念受持,归依供养,乃至能发一念净信,所有善根,至心回向,愿生彼国。随愿皆生,得不退转,乃至无上正等菩提。

三辈往生第二十四

佛告阿难:十方世界诸天人民,其有至心愿生彼国,凡有三辈。其上辈者,舍家弃欲,而作沙门,发菩提心,一向专念阿弥陀佛,修诸功德,愿生彼国。此等众生,临寿终时,阿弥陀佛与诸圣众现在其前,经须臾间,即随彼佛往生其国。便于七宝华中自然化生。智慧勇猛，神通自在。是故，阿难！其有众生欲于今世见阿弥陀佛者，应发无上菩提之心，复当专念极乐国土。积集善根，应持回向，由此见佛，生彼国中。得不退转，乃至无上菩提。

其中辈者，虽不能行作沙门，大修功德。当发无上菩提之心，一向专念阿弥陀佛。随己修行，诸善功德。奉持斋戒，起立塔像，饭食沙门，悬缯然灯，散华烧香，以此回向，愿生彼国。其人临终，阿弥陀佛化现其身，光明相好，具如真佛，与诸大众前后围绕，现其人前。摄受导引，即随化佛往生其国。住不退转，无上菩提，功德智慧次如上辈者也。

其下辈者，假使不能作诸功德，当发无上菩提之心，一向专念阿弥陀佛。欢喜信乐，不生疑惑，以至诚心，愿生其国。此人临终，梦见彼佛，亦得往生，功德智慧，次如中辈者也。若有众生住大乘者，以清净心，向无量寿，乃至十念，愿生其国。闻甚深法，即生信解，乃至获得一念净心，发一念心念于彼佛。此人临命终时，如在梦中见阿弥陀佛，定生彼国，得不退转无上菩提。

往生正因第二十五

复次，阿难，若有善男子、善女人，闻此经典，受持、读诵、书写供养，昼夜相续，求生彼刹。发菩提心，持诸禁戒，坚守不犯，饶益有情，所作善根悉施与之，令得安乐，忆念西方阿弥陀佛及彼国土。是人命终，如佛色相，种种庄严，生宝刹中，速得闻法，永不退转。

复次，阿难：若有众生欲行彼国，虽不能大精进禅定，尽持经戒，要当作善。所谓一不杀生，二不偷盗，三不淫欲，四不妄言，五不绮语，六不恶口，七不两舌，八不贪，九不瞋，十不痴。如是，昼夜思维极乐世界阿弥陀佛，种种功德、种种庄严，志心归依，顶礼供养。是人临终，不惊不怖，心不颠倒，即得往生彼佛国土。

若多事物，不能离家，不暇大修斋戒，一心清净，有空闲时，端正身心，绝欲去忧，慈心精进。不当瞋怒、嫉妒；不得贪饕、悭惜；不得中悔；不得狐疑，要当孝顺，至诚忠信。当信佛经语深，当信作善得福。奉持如是等法，不得亏失。思维熟计，欲得度脱。昼夜常念，愿欲往生阿弥陀佛清净佛国。十日十夜，乃至一日一夜不断绝者，寿终皆得往生其国，行菩萨道。诸往生者，皆得阿惟越致，皆具金色三十二相，皆当作佛。欲于何方佛国作佛，从心所愿，随其精进早晚，求道不休，会当得之，不失其所愿也。阿难，以此义利故，无量无数不可思议无有等等无边世界诸佛如来，皆共称赞无量寿佛所有功德。

礼供听法第二十六

复次，阿难：十方世界诸菩萨众，为欲瞻礼极乐世界无量寿佛，各以香华、幢幡、宝盖往诣佛所，恭敬供养，听受经法，宣布道化，称赞佛土功德庄严。尔时世尊即说颂曰：

东方诸佛刹，数如恒河沙；恒沙菩萨众，往礼无量寿。
南西北四维，上下亦复然；咸以尊重心，奉诸珍妙供。
畅发和雅音，歌叹最胜尊；究达神通慧，游入深法门。
闻佛圣德名，安隐得大利；种种供养中，勤修无懈倦。
观彼殊胜刹，微妙难思议；功德普庄严，诸佛国难比。

因发无上心，愿速成菩提；应时无量尊，微笑现金容。
光明从口出，遍照十方国；回光还绕佛，三匝从顶入。
菩萨见此光，即证不退位；时会一切众，互庆生欢喜。
佛语梵雷震，八音畅妙声；十方来正士，吾悉知彼愿。
志求严净土，受记当作佛；觉了一切法，犹如梦幻响。
满足诸妙愿，必成如是刹；知土如影像，恒发弘誓心。
究竟菩萨道，具诸功德本；修胜菩提行，受记当作佛。
通达诸法性，一切空无我；专求净佛土，必成如是刹。
闻法乐受行，得至清净处；必于无量尊，受记成等觉。
无边殊胜刹，其佛本愿力；闻名欲往生，自致不退转。
菩萨兴至愿，愿己国无异；普念度一切，各发菩提心。
舍彼轮回身，俱令登彼岸；奉事万亿佛，飞化遍诸刹。
恭敬欢喜去，还到安养国。

歌叹佛德第二十七

佛语阿难：彼国菩萨承佛威神，于一食顷，复往十方无边净刹，供养诸佛。华香幢幡，供养之具，应念即至，皆现手中。珍妙殊特，非世所有，以奉诸佛及菩萨众。其所散华，即于空中合为一华。华皆向下，端圆周匝，化成华盖，百千光色，色色异香，香气普薰。盖之小者，满十由旬。如是转倍，乃至遍覆三千大千世界。随其前后，以次化没。若不更以新华重散，前所散华终不复落。于虚空中共奏天乐，以微妙间歌叹佛德。经须臾间，还其本国。都悉集会七宝讲堂。无量寿佛则为广宣大教，演畅妙法。莫不欢喜，心解得道。即时香风吹七宝树，出五音声。无量妙华随风四散，自然供养，如是不绝。一切诸天皆赍百千华香、万种伎乐，供养彼佛及诸菩萨。声乐之众，前后往来，熙怡快乐。此皆无量寿佛本愿加威，及曾供养如来，善根相续，无缺减故，善修习故，善摄取故，善成就故。

大士神光第二十八

佛告阿难：彼佛国中，诸菩萨众，悉皆洞视彻听八方、上下、去来、现在之事。诸天人民以及蜎飞蠕动之类，心意善恶，口所欲言，何时度脱，得道往生，皆豫知之。又，彼佛刹诸声闻众，身光一寻，菩萨光明，照百由旬。有二菩萨最尊第一，威神光明，普照三千大千世界。阿难白佛：彼二菩萨其号云何？佛言：一名观世音，一名大势至。此二菩萨于娑婆界修菩萨行，往生彼国，常在阿弥陀佛左右。欲至十方无量佛所，随心则到。现居此界，作大利乐。世间善男子、善女人若有急难恐怖，但自归命观世音菩萨，无不得解脱者。

愿力宏深第二十九

复次，阿难：彼佛刹中，所有现在、未来一切菩萨，皆当究竟一生补处。唯除大愿，入生死界，为度群生，作师子吼。擐大甲胄，以宏誓功德而自庄严。虽生五浊恶世，示现同彼。直至成佛，不受恶趣。生生之处，常识宿命。

无量寿佛，意欲度脱十方世界诸众生类，皆使往生其国，悉令得泥洹道。作菩萨者，令悉作佛。既作佛已，转相教授，转相度脱。如是辗转，不可复计。十方世界声闻、菩萨，诸众生类，生彼佛国，得泥洹道，当作佛者不可胜数。彼佛国中常如一法，不为增多。所以者何？犹如大海为水中王，诸水流行都入海中，是大海水宁为增减？八方上下，佛国无数，阿弥陀国长久广大，明好快乐，最为独胜。本其为菩萨时求道所愿，累德所致。无量寿佛，恩德布施八方上下，无穷无极，深大无量，不可胜言。

菩萨修持第三十

复次，阿难：彼佛刹中一切菩萨，禅定、智慧、神通、威德，无不圆满。诸佛密藏，究竟明了。调伏诸根，身心柔软。深入正慧，无复余习。依佛所行，七觉圣道。修行五眼，照真达俗。肉眼简择，天眼通达，法眼清净，慧眼见真，佛眼具足、觉了法性。

辩才总持，自在无碍。善解世间无边方便，所言诚谛，深入义味。度诸有情，演说正法。无相无为，无缚无脱。无诸分别，远离颠倒。于所受用，皆无摄取。遍游佛刹，无爱无厌。亦无希求、不希求想，亦无彼我违怨之想。何以故？彼诸菩萨于一切众生，有大慈悲利益心故。舍离一切执着，成就无量功德。以无碍慧，解法如如。善知集灭音声方便。不欣世语，乐在正论。

知一切法，悉皆空寂。生身烦恼，二余俱尽。于三界中，平等勤修，究竟一乘，至于彼岸。决断疑网，证无所得。以方便智，增长了知。从本以来，安住神通。得一乘道，不由他悟。

真实功德第三十一

其智宏深，譬如巨海。菩提高广，喻若须弥。自身威光，超于日月。其心洁白，犹如雪山。忍辱如地，一切平等。清净如水，洗诸尘垢。炽盛如火，烧烦恼薪。不著如风，无诸障碍。法音雷震，觉未觉故。雨甘露法，润众生故。旷若虚空,大慈等故。如净莲华,离杂污故。如尼拘树,覆荫大故。如金刚杵,破邪执故。如铁围山,众魔外道不能动故。其心正直,善巧决定,论法无厌,求法不倦。戒若琉璃,内外明洁。其所言说,令众悦服。击法鼓,建法幢,曜慧日,破痴暗。淳净温和,寂定明察。为大导师,调伏自他。引导群生,舍诸爱著。永离三垢,游戏神通。因缘愿力,出生善根。摧伏一切魔军,尊重奉事诸佛。为世明灯,最胜福田。殊胜吉祥,堪受供养。赫奕欢喜,雄猛无畏。身色相好,功德辩才,具足庄严,无与等者。常为诸佛所共称赞,究竟菩萨诸波罗蜜,而常安住不生、不灭,诸三摩地。行遍道场,远二乘境。阿难,我今略说,彼极乐界,所生菩萨真实功德,悉皆如是。若广说者,百千万劫不能穷尽。

寿乐无极第三十二

佛告弥勒菩萨、诸天人等:无量寿国声闻、菩萨功德智慧不可称说。又其国土微妙、安乐、清净若此,何不力为善?念道之自然。出入供养,观经行道,喜乐久习,才猛智慧,心不中回,意无懈时。外若迟缓,内独驶急。容容虚空,适得其中。中表相应,自然严整,检敛端直。身心洁净,无有爱贪。志愿安定,无增缺减。求道和正,不误倾邪。随经约令,不敢蹉跌,若于绳墨,咸为道慕,旷无他念,无有忧思,自然无为,虚空无立,淡安无欲,作得善愿,尽心求索。念哀慈愍,礼义都合。苞罗表里,过度解脱。自然保守,真真洁白。志愿无上,净定安乐。一旦开达明彻,自然中自然相,自然之有根本,自然光色参回,转变最胜。郁单成七宝，横揽成万物。光精明俱出，善好殊无比。著于无上下，洞达无边际。宜各勤精进，努力自求之。必得超绝去，往生无量清净阿弥陀佛国。横截于五趣，恶道自闭塞。无极之胜道，易往而无人。其国不逆违，自然所牵随。捐志若虚空，勤行求道德。可得极长生，寿乐无有极。何为著世事，诳诳忧无常。

劝谕策进第三十三

世人共争不急之务，于此剧恶极苦之中，勤身营务，以自给济。尊卑、贫富、少长、男女，累念积虑，为心走使，无田忧田，无宅忧宅，眷属财物，有无同忧。有一少一，思欲齐等。适小具有，又忧非常。水火盗贼，怨家债主，焚漂劫夺，消散磨灭。心悭意固，无能纵舍。命终弃捐，莫谁随者。贫富同然，忧苦万端。

世间人民，父子、兄弟、夫妇、亲属，当相敬爱，无相憎嫉。有无相通，无得贪惜。言色常和，莫相违戾。或时心诤。有所恚怒，后世转剧，至成大怨。世间之事，更相患害。虽不临时，应急想破。

人在爱欲之中，独生独死，独去独来，苦乐自当，无有代者。善恶变化，追逐所生。道路不同，会见无期，何不于强健时，努力修善，欲何待乎？

世人善恶自不能见。吉凶祸福，竞各作之。身愚神暗，转受余教，颠倒相续，无常根本。蒙冥抵突，不信经法。心无远虑，各欲快意，迷于瞋恚，贪于财色。终不休止，哀哉可伤！先人不善，不识道德，无有语者，殊无怪也。死生之趣，善恶之道，都不之信，谓无有是。更相瞻视，且自见之。或父哭子，或子哭父。兄弟夫妇，更相哭泣。一死一生，迭相顾恋。忧爱结缚，无有解时。思想恩好，不离情欲，不能深思熟计，专精行道。年寿旋尽，无可奈何。惑道者众，悟道者少。各怀杀毒，恶气冥冥。为妄兴事，违逆天地。恣意罪极，顿夺其寿。下入恶道，无有出期。

若曹当熟思计，远离众恶，择其善者，勤而行之。爱欲荣华，不可常保，皆当别离，无可乐者。当勤精进，生安乐国。智慧明达，功德殊胜。勿得随心所欲，亏负经戒，在人后也！

心得开明第三十四

弥勒白言：佛语教我，甚深甚善。皆蒙慈恩，解脱忧苦。佛为法王，尊超群圣。光明彻照，洞达无极，普为一切天人之师。今得值佛，复闻无量寿声，靡不欢喜，心得开明。

佛告弥勒：敬于佛者，是为大善。实当念佛，截断狐疑。拔诸爱欲，杜众恶源，游步三界，无所挂碍。开示正道，度未度者。若曹当知，十方人民，永劫以来，辗转五道，忧苦不绝。生时苦痛，老亦苦痛，病极苦痛，死极苦痛，恶臭不净，无可乐者。宜自决断，洗除心垢，言行忠信，表里相应。人能自度，转相拯济。至心求愿，积累善本。虽一世精进勤苦，须臾间耳。后生无量寿国，快乐无极。永拔生死之本，无复苦恼之患。寿千万劫，自在随意。宜各精进，求心所愿，无得疑悔，自为过咎。生彼边地七宝城中，于五百岁受诸厄也。

弥勒白言：受佛明诲，专精修学，如教奉行，不敢有疑。

浊世恶苦第三十五

佛告弥勒：汝等能于此世，端心正意，不为众恶，甚为大德。所以者何？十方世界善多恶少，易可开化；唯此五恶世间，最为剧苦。我今于此作佛，教化群生，令舍五恶，去五痛，离五烧，降化其意。令持五善，获其福德。何等为五？其一者，世间诸众生类，欲为众恶，强者伏弱，转相克贼，残害杀伤，迭相吞啖，不知为善，后受殃罚。故有穷乞、孤独、聋盲、喑哑、疾恶、尪狂，皆因前世不信道德，不肯为善。其有尊贵、豪富、贤明、长者、智勇、才达，皆由宿世慈孝，修善积德所致。世间有此目前现事，寿终之后，入其幽冥，转生受身，改形易道。故有泥犁、禽兽、蜎飞蠕动之属，譬如世法牢狱，剧苦极刑，魂神命精，随罪趣向。所受寿命或长或短，相从共生，更相报偿。殃恶未尽，终不得离。辗转其中，累劫难出，难得解脱，痛不可言。天地之间，自然有是。虽不即时暴应，善恶会当归之。

其二者，世间人民，不顺法度，奢淫骄纵，任心自恣，居上不明，在位不正，陷人冤枉，损害忠良，心口各异，机伪多端，尊卑中外，更相欺诳，瞋恚愚痴，欲自厚己，欲贪多有，利害胜负，结忿成仇，破家亡身。不顾前后，富有悭惜，不肯施与，爱保贪重，心劳身苦，如是至竟，无一随者。善恶祸福，追命所生，或在乐处，或入苦毒。又或见善憎谤，不思慕及。常怀盗心，希望他利，用自供给，消散复取。神明克识，终入恶道。自有三途，无量苦恼，辗转其中，累劫难出，痛不可言。

其三者，世间人民，相因寄生，寿命几何！不良之人，身心不正，常怀邪恶，常念淫妷，烦满胸中，邪态外逸。费损家财，事为非法，所当求者，而不肯为。又或交结聚会，兴兵相伐，攻劫杀戮，强夺迫胁，归给妻子，极身作乐，众共憎厌，患而苦之。如是之恶，著于人鬼，神明记识，自入三途。无量苦恼，辗转其中，累劫难出，痛不可言。

其四者，世间人民不念修善，两舌、恶口、妄言、绮语，憎嫉善人，败坏贤明；不孝父母，轻慢师长；朋友无信，难得诚实；尊贵自大，谓己有道；横行威势，侵易于人，欲人畏敬；不自惭惧；难可降化，常怀骄慢。赖其前世福德营护；今世为恶，福德尽灭。寿命终尽，诸恶绕归。又其名籍，记在神明，殃咎牵引，无从舍离。但得前行，入于火镬，身心摧碎，神形苦极。当斯之时，悔复何及。

其五者，世间人民徙倚懈怠，不肯作善，治身修业。父母教诲，违戾反逆。譬如怨家，不如无子。负恩违义，无有报偿。放恣游散，耽酒嗜美，鲁扈抵突。不识人情，无义无礼，不可谏晓。六亲眷属，资用有无，不能忧念。不惟父母之恩，不存师友之义。意念、身、口，曾无一善。不信诸佛经法，不信生死善恶。欲害真人，斗乱僧众。愚痴蒙昧，自为智慧。不知生所从来，死所趣向。不仁不顺，希望长生。慈心教诲而不肯信，苦口与语无益其人。心中闭塞，意不开解。大命将终，悔惧交至。不豫修善，临时乃悔。悔之于后，将何及乎！

天地之间，五道分明。善恶报应，祸福相承。身自当之，无谁代者。善人行善，从乐入乐，从明入明。恶人行恶，从苦入苦，从冥入冥。谁能知者，独佛知耳。教语开示，信行者少。生死不休，恶道不绝。如是此人，难可具尽。故有自然三途，无量苦恼，辗转其中，世世累劫，无有出期，难得解脱，痛不可言！

如是五恶、五痛、五烧，譬如大火焚烧人身。若能自于其中一心制意，端身正念，言行相副。所作至诚，独作诸善，不为众恶，身独度脱，获其福德，可得长寿。泥洹之道，是为五大善也。

重重诲勉第三十六

佛告弥勒：吾语汝等，如是五恶、五痛、五烧，辗转相生。敢有犯此，当历恶趣。或其今世先被病殃，死生不得，示众见之。或于寿终，入三恶道，愁痛酷毒，自相燋然。共其怨家，更相杀伤。从小微起，成大困剧。皆由贪著财色，不肯施惠；各欲自快，无复曲直；痴欲所迫，厚己争利；富贵荣华，当时快意；不能忍辱，不务修善；威势无几，随以磨灭；天道施张，自然纠举，茕茕忪忪，当入其中。古今有是，痛哉可伤！

汝等得佛经语，熟思惟之。各自端守，终身不怠，尊圣敬善，仁慈博爱。当求度世，拔断生死众恶之本。当离三途忧怖苦痛之道。若曹作善，云何第一？当自端心，当自端身。耳目口鼻皆当自端。身心净洁，与善相应。勿随嗜欲，不犯诸恶。言色当和，身行当专。动作瞻视，安定徐为。作事仓卒，败悔在后。为之不谛，亡其功夫。

如贫得宝第三十七

汝等广植德本，勿犯道禁。忍辱精进，慈心专一。斋戒清净,一日一夜,胜在无量寿国为善百岁。所以者何?彼佛国土皆积德众善,无毫发之恶。于此修善十日十夜,胜于他方诸佛国中,为善千岁。所以者何?他方佛国,福德自然,无造恶之地。唯此世间,善少恶多,饮苦食毒,未尝宁息。吾哀汝等,苦心诲谕,授与经法。悉持思之,悉奉行之。尊卑、男女、眷属、朋友,转相教语,自相约检,和顺义理,欢乐慈孝。所作如犯,则自悔过,去恶就善,朝闻夕改,奉持经戒,如贫得宝。改往修来,洒心易行。自然感降,所愿辄得。

佛所行处,国邑丘聚,靡不蒙化。天下和顺,日月清明。风雨以时,灾厉不起。国丰民安,兵戈无用。崇德兴仁,务修礼让。国无盗贼,无有怨枉。强不凌弱,各得其所。

我哀汝等,甚于父母念子。我于此世作佛,以善攻恶,拔生死之苦,令获五德,升无为之安。吾般泥洹,经道渐灭。人民谄伪,复为众恶,五烧五痛,久后转剧。汝等转相教诫,如佛经法,无得犯也。

弥勒菩萨合掌白言:世人恶苦,如是如是。佛皆慈哀,悉度脱之。受佛重诲,不敢违失。

礼佛现光第三十八

佛告阿难:若曹欲见无量清净平等觉,及诸菩萨阿罗汉等所居国土,应起西向,当日没处恭敬顶礼,称念南无阿弥陀佛。

阿难即从座起,面西合掌,顶礼白言:我今愿见,极乐世界阿弥陀佛,供养奉事,种诸善根。顶礼之间,忽见阿弥陀佛，容颜广大，色相端严，如黄金山，高出一切诸世界上。又闻十方世界诸佛如来，称扬赞叹阿弥陀佛种种功德，无碍无断。

　　阿难白言：彼佛净刹，得未曾有，我亦愿乐生于彼土。

　　世尊告言：其中生者，已曾亲近无量诸佛，植众德本。汝欲生彼，应当一心归依瞻仰。作是语时，阿弥陀佛即于掌中放无量光，普照一切诸佛世界。时诸佛国皆悉明现，如处一寻。以阿弥陀佛殊胜光明，极清净故，于此世界所有黑山、雪山、金刚、铁围大小诸山，江河、丛林、天人宫殿一切境界，无不照见。譬如日出，明照世间。乃至泥犁、溪谷、幽冥之处，悉大开辟，皆同一色。犹如劫水，弥满世界，其中万物沉没不现，晃洋浩汗，唯见大水。彼佛光明，亦复如是。声闻、菩萨、一切光明悉皆隐蔽，唯见佛光，明耀显赫。此会四众，天龙八部，人非人等，皆见极乐世界种种庄严。阿弥陀佛于彼高座，威德巍巍，相好光明。声闻菩萨围绕恭敬。譬如须弥山王，出于海面，明现照耀，清净平正，无有杂秽及异形类。唯是众宝庄严，圣贤共住。阿难及诸菩萨众等，皆大欢喜，踊跃作礼，以头著地，称念南无阿弥陀三藐三佛陀。诸天人民，以至蜎飞蠕动。睹斯光者，所有疾苦，莫不休止。一切忧恼，莫不解脱。悉皆慈心作善，欢喜快乐。钟磬、琴瑟、箜篌乐器，不鼓自然皆作五音。诸佛国中诸天人民，各持花香，来于虚空，散作供养。尔时，极乐世界过于西方百千俱胝那由他国，以佛威力，如对目前。如净天眼，观一寻地。彼见此土，亦复如是，悉睹娑婆世界释迦如来及比丘众围绕说法。

慈氏述见第三十九

尔时佛告阿难及慈氏菩萨：汝见极乐世界宫殿、楼阁、泉池、林树，具足微妙，清净庄严不？汝见欲界诸天，上致色究竟天，雨诸香华，遍佛刹不？

阿难对曰：唯然已见。

汝闻阿弥陀佛大音宣布一切世界化众生不？

阿难对曰：唯然已闻。

佛言：汝见彼国净行之众，游处虚空，宫殿随身，无所障碍，遍至十方供养诸佛不？及见彼等念佛相续不？复有众鸟，住虚空界，出种种音，皆是化作，汝悉见不？

慈氏白言：如佛所说，一一皆见。

佛告弥勒：彼国人民有胎生者，汝复见不？

弥勒白言：世尊！我见极乐世界人住胎者，如夜摩天，处于宫殿。又见众生于莲华内结跏趺坐，自然化生。何因缘故彼国人民有胎生者，有化生者？

边地疑城第四十

佛告慈氏：若有众生，以疑惑心修诸功德，愿生彼国。不了佛智、不思议智、不可称智、大乘广智、无等无伦最上胜智，于此诸智疑惑不信。犹信罪福，修习善本，愿生其国。复有众生，积集善根，希求佛智、普遍智、无等智、威德广大不思议智。于自善根，不能生信。故于往生清净佛国，意志犹豫，无所专据，然犹续念不绝，结其善愿为本，续得往生。是诸人等以此因缘，虽生彼国。不能前至无量寿所，道止佛国界边七宝城中。佛不使尔，身行所作，心自趣向，亦有宝池莲华自然受身。饮食快乐如忉利天，于其城中,不能得出。所居舍宅在地,不能随意高大。于五百岁,常不见佛。不闻经法,不见菩萨、声闻圣众。其人智慧不明,知经复少,心不开解,意不欢乐,是故于彼谓之胎生。若有众生明信佛智,乃致胜智,断除疑惑,信己善根,作诸功德,至心回向,皆于七宝华中自然化生,跏趺而坐。须臾之顷,身相光明,智慧功德,如诸菩萨具足成就。弥勒当知:彼化生者,智慧胜故。其胎生者,五百岁中不见三宝,不知菩萨法式,不得修习功德,无因奉事无量寿佛。当知此人宿世之时,无有智慧,疑惑所致。

惑尽见佛第四十一

譬如转轮圣王有七宝狱,王子得罪,禁闭其中。层楼绮殿,宝帐金床,栏窗榻座,妙饰奇珍,饮食衣服,如转轮王,而以金锁系其两足。诸小王子宁乐此不?

慈氏白言:不也,世尊!彼幽系时,心不自在,但以种种方便,欲求出离,求诸近臣,终不从心。轮王欢喜,方得解脱。

佛告弥勒:此诸众生亦复如是。若有堕于疑悔,希求佛智,至广大智。于自善根,不能生信。由闻佛名,起信心故,虽生彼国,于莲华中不得出现。彼处华胎,犹如园苑宫殿之想。何以故?彼中清净,无诸秽恶。然于五百岁中不见三宝,不得供养奉事诸佛,远离一切殊胜善根。以此为苦,不生欣乐。

若此众生,识其罪本,深自悔责,求离彼处,往昔世中过失尽已,然后乃出。即得往诣无量寿所,听闻经法,久久亦当开解欢喜,亦得遍供无数无量诸佛,修诸功德。汝阿逸多，当知疑惑于诸菩萨为大损害，为失大利。是故应当明信诸佛无上智慧。

慈氏白言：云何此界一类众生，虽亦修善，而不求生？

佛告慈氏：此等众生，智慧微浅，分别西方，不及天界，是以非乐，不求生彼。

慈氏白言：此等众生，虚妄分别，不求佛刹，何免轮回？

佛言：彼等所种善根，不能离相，不求佛慧，深著世乐，人间福报。虽复修福，求人天果。得报之时，一切丰足。而未能出三界狱中，假使父母、妻子、男女、眷属欲相救免，邪见业王，未能舍离，常处轮回，而不自在。汝见愚痴之人不种善根，但以世智聪辩，增益邪心，云何出离生死大难？复有众生虽种善根，作大福田。取相分别，情执深重，求出轮回，终不能得。若以无相智慧，植众德本，身心清净，远离分别，求生净刹，趣佛菩提。当生佛刹，永得解脱。

菩萨往生第四十二

弥勒菩萨白佛言：今此娑婆世界及诸佛刹不退菩萨，当生极乐国者，其数几何？

佛告弥勒：于此世界有七百二十亿菩萨，已曾供养无数诸佛，植众德本，当生彼国；诸小行菩萨，修习功德，当往生者，不可称计。不但我刹诸菩萨等，往生彼国，他方佛土亦复如是。从远照佛刹，有十八俱胝那由他菩萨摩诃萨，生彼国土；东北方宝藏佛刹，有九十亿不退菩萨，当生彼国；从无量音佛刹、光明佛刹、龙天佛刹、胜力佛刹、师子佛刹、离尘佛刹、德首佛刹、仁王佛刹、华幢佛刹，不退菩萨当往生者，或数十百亿，或数百千亿，乃至万亿。

其第十二佛名无上华，彼有无数诸菩萨众，皆不退转。智慧勇猛，已曾供养无量诸佛，具大精进，发趣一乘。于七日中，即能摄取百千亿劫大士所修坚固之法。斯等菩萨，皆当往生。其第十三佛名曰无畏，彼有七百九十亿大菩萨众，诸小菩萨及比丘等不可称计，皆当往生。十方世界诸佛名号及菩萨众当往生者，但说其名，穷劫不尽。

非是小乘第四十三

佛告慈氏：汝观彼诸菩萨摩诃萨，善获利益。若有善男子、善女人得闻阿弥陀佛名号，能生一念喜爱之心，归依瞻礼，如说修行。当知此人为得大利，当获如上所说功德。心无下劣，亦不贡高，成就善根，悉皆增上。当知此人非是小乘。于我法中，得名第一弟子。是故，告汝天人、世间、阿修罗等，应当爱乐修习，生希有心。于此经中，生导师想，欲令无量众生速疾安住，得不退转，及欲见彼广大庄严摄受殊胜佛刹圆满功德者，当起精进，听此法门。为求法故，不生退屈谄伪之心。设入大火，不应疑悔。何以故？彼无量亿诸菩萨等，皆悉求此微妙法门，尊重听闻，不生违背。多有菩萨，欲闻此经而不能得。是故，汝等应求此法。

受菩提记第四十四

若于来世，乃致正法灭时，当有众生，植诸善本，已曾供养无量诸佛，由彼如来加威力故，能得如是广大法门，摄取受持，当获广大一切智智。于彼法中，广大胜解，获大欢喜。广为他说，常乐修行。诸善男子及善女人能于是法，若已求、现求、当求者，皆获善利。汝等应当安住无疑，种诸善本；应常修习，使无疑滞，不入一切种类珍宝成就牢狱。阿逸多，如是等类大威德者，能生佛法广大异门。由于此法不听闻故，有一亿菩萨退转阿耨多罗三藐三菩提。若有众生于此经典，书写、供养、受持、读诵，于须臾顷，为他演说，劝令听闻，不生忧恼，乃至昼夜思惟彼刹及佛功德，于无上道，终不退转。彼人临终，假使三千大千世界满中大火，亦能超过，生彼国土。是人已曾值过去佛，受菩提记。一切如来同所称赞。是故应当专心信受，持诵说行。

独留此经第四十五

吾今为诸众生，说此经法，令见无量寿佛及其国土，一切所有所当为者，皆可求之。无得以我灭度之后，复生疑惑。当来之世，经道灭尽，我以慈悲哀愍，特留此经止住百岁。其有众生值斯经者，随意所愿，皆可得度。如来兴世，难值难见；诸佛经道，难得难闻。遇善知识，闻法能行，此亦为难；若闻斯经，信乐受持，难中之难，无过此难！若有众生，得闻佛声，慈心清净，踊跃欢喜，衣毛为起或泪出者，皆由前世曾作佛道，故非凡人。若闻佛号，心中狐疑，于佛经语，都无所信，皆从恶道中来。宿殃未尽，未当度脱，故心狐疑，不信向耳。

勤修坚持第四十六

佛告弥勒：诸佛如来无上之法，十力无畏，无碍无著甚深之法，乃波罗蜜等菩萨之法，非易可遇。能说法人，亦难开示。坚固深信，时亦难遭。我今如理宣说，如是广大微妙法门，一切诸佛之所称赞，付嘱汝等，作大守护。为诸有情长夜利益，莫令众生沦堕五趣，备受危苦。应勤修行，随顺我教。当孝于佛，常念师恩；当令是法久住不灭；当坚持之，无得毁失；无得为妄，增减经法。常念不绝，则得道捷。我法如是，作如是说。如来所行，亦应随行。种修福善，求生净刹。

福慧始闻第四十七

尔时世尊而说颂曰：

若不往昔修福慧，于此正法不能闻；
已曾供养诸如来，则能欢喜信此事。
恶骄懈怠及邪见，难信如来微妙法；
譬如盲人恒处暗，不能开导于他路。
唯曾于佛值众善，救世之行方能修；
闻已受持及书写，读诵赞演并供养。
如是一心求净方，决定往生极乐国；
假使大火满三千，乘佛威德悉能超。
如来深广智慧海，唯佛与佛乃能知；
声闻亿劫思佛智，尽其神力莫能测。
如来功德佛自知，唯有世尊能开示；
人身难得佛难值，信慧闻法难中难。
若诸有情当作佛，行超普贤登彼岸；
是故博闻诸智士，应信我教如实言。
如是妙法幸听闻，应常念佛而生喜；
受持广度生死流，佛说此人真善友。

闻经获益第四十八

尔时世尊说此经法，天人世间有万二千那由他亿众生，远离尘垢，得法眼净；二十亿众生得阿那含果；六千八百比丘诸漏已尽，心得解脱；四十亿菩萨于无上菩提，住不退转；以弘誓功德而自庄严，二十五亿众生得不退忍；四万亿那由他百千众生，于无上菩提未曾发意，今始初发。种诸善根，愿生极乐，见阿弥陀佛，皆当往生彼如来土，各于异方，次第成佛。同名妙音如来。复有十方佛刹，若现在生及未来生见阿弥陀佛者，各有八万俱胝那由他人，得授记法忍，成无上菩提。彼诸有情，皆是阿弥陀佛宿愿因缘，俱得往生极乐世界。

尔时三千大千世界六种震动，并现种种希有神变，放大光明，普照十方。复有诸天于虚空中作妙音乐，出随喜声，乃至色界诸天，悉皆得闻，叹未曾有。无量妙华，纷纷而降。

尊者阿难、弥勒菩萨及诸菩萨、声闻、天龙八部、一切大众，闻佛所说，皆大欢喜，信受奉行。

佛①说大乘②无量寿庄严清净平等③觉经④

菩萨戒弟子郓城夏莲居会集各译

经文注译

法会圣众第一⑤

【经文】

如是我闻⑥：一时⑦佛在王舍城⑧，耆阇崛⑨山中，与大比丘众⑩万二千人俱，一切大圣⑪，神通⑫已达，其名曰：尊者⑬憍陈如⑭、尊者舍利弗⑮、尊者大目犍连⑯、尊者迦叶⑰、尊者阿难⑱等，而为上首；又有普贤⑲菩萨⑳、文殊师利菩萨、弥勒㉑菩萨及贤劫㉒中一切菩萨，皆来集会。

【注释】

①佛：即"佛陀"的简称。梵文 Buddha 的音译，亦译"佛驮"、"浮陀"、"浮屠"、"浮图"等。意思是"觉者"、"智者"。觉包含自觉（自身解脱），觉他（使他人觉悟），觉行圆满三个修

习品位。据称，此三品位凡夫皆不具备；声闻、缘觉二乘只具备"自觉"；菩萨具备"自觉"、"觉他"，但觉行仍不圆满，只有佛才三项俱全，大彻大悟，成为大乘佛教修习的最高果位。佛教将引导教化众生达到解脱的三种方法称为"三乘"，包括声闻、缘觉和菩萨（或佛）。大乘认为只要能觉行圆满，一切众生皆得成佛，佛的数量如恒河的沙一样多，三世十方处处皆有。如过去七佛即毗婆尸佛、尸弃佛、毗舍婆佛、拘楼孙佛、拘那含佛、迦叶佛以及释迦牟尼佛。未来有弥勒佛；东方有阿閦佛、药师佛；西方有阿弥陀佛等。从佛身说，有法身佛、报身佛、应身佛等。而释迦佛则为众佛之佛，至高无上。小乘佛教则否认这种多佛的理论，认为只有释迦牟尼才是佛，他所修习的最高果位是阿罗汉。

这里的"佛"是指释迦牟尼。"佛说"，是指此经是释迦牟尼佛亲口宣讲的。

② 大乘：梵文 Mahayana 的意译，音译为"摩诃衍那"。"摩诃"是"大"的意思，"衍那"意为"乘载"（如车、船）或"道路"。是公元 1 世纪左右形成的印度佛教派别，也叫大乘佛教，自称他们似艘巨大无比的船，能运载众生从生死大河之此岸达到菩提涅槃之彼岸，成就佛果。因而将此前的原始佛教和部派佛教贬称为"小乘"。但对于"小乘"这一称呼在佛教的一些国家并未被接受，如现在的缅甸、泰国、斯里兰卡等，一直自称为"南传上座部佛教"。

大乘佛教的思想在印度本土早在部派佛教流行时期的南印度已开始产生和传播。当时在家佛教徒中流行佛塔崇拜，因为塔中安置有佛陀舍利，从而形成了大乘最初的教团——菩萨众。参加者有出家的僧侣，也有在家的俗人。为了传教的需要，他们编辑了阐述大乘思想和实践的经籍，最初为般若系经典，以后又陆续出现了《妙法莲花经》、《维摩诘经》、《华严经》和《无量寿经》等。这些经典阐发了空、中道、实相、六度、菩萨道、多佛、三乘分别和一心本净等思想。在这些思想的基础上逐渐形成了大乘佛教的两大派别即由南印度人龙树及其弟子提婆创始的中观派和约在公元2、3世纪时由北印度犍陀罗人无著、世亲两兄弟创始的瑜伽行派。前者集中阐述"假有性空"的理论，后者则集中阐发万法唯识的各类经典，这是大乘佛教发展的两个重要时期。公元7世纪至13世纪初是大乘发展的后期，随着佛教义学的衰微，被密教起而代之。

　　大乘和小乘的区别，表现在许多方面。首先，对于释迦牟尼佛的看法：小乘将他视为教主；大乘则将他视为威力广大、法力无边的神，还认为除释迦牟尼外，在过去、现在、未来三世及东南西北、四维上下十方皆有无数的佛。其次，在修持方法上：小乘主张修戒、定、慧"三学"（即通过持守戒律，修习禅定而获得智慧）和"八正道"（八种正确的思维和行动方法）；大乘则倡导修习以"六度"、"四摄"为内容的"菩萨行"，并将释迦成佛以前的菩萨阶段作为自己修行的榜样，因此主张在家修行，并不一定像小乘那样出家。在教义学上：小乘主张人空法有，只否定人我的实在性；大乘则主张人法两空，将法我的实在性也否定了。在修习目标上：小乘追求个人的解脱，把"灰身灭智"证得阿罗汉果作为最高目标；大乘则宣扬以大慈大悲、普度众生为宗旨，以佛作为最高目标。一般地说，传入中国、日本、朝鲜、蒙古以及前苏联一些地区的北传佛教属大乘佛教；传入斯里兰卡、缅甸、泰国、柬埔寨以及中国云南傣族地区的南传上座部佛教是小乘佛教。

　　③平等：佛教名词。梵文 Upekṣā 的意译，简称"等"。意思是无差别或等同。指一切现象所具有的共同性、空性、唯识性、心真如性等毫无差别，相互等同。包括智平等和众生平等。所谓智平等是指在对一切现象所具有的共同性等的认识基础上，所达到的无差别的智慧。众生平等是指众生皆具有佛性，因而应该无区别地看待他们。

④《佛说大乘无量寿庄严清净平等觉经》：即《无量寿经》，梵文作 Aparimitāyursūtra，是古印度佛教的经典著作之一，亦称《大无量寿经》、《大经》、《双卷经》，与《阿弥陀经》、《观无量寿经》合称净土三部经，是中国佛教净土宗依据的主要经典。

该经的汉译本有12种之多，分别由东汉安世高、支娄迦谶，三国吴支谦，魏康僧铠、帛延，西晋竺法护，东晋竺法力，南朝宋佛陀跋陀罗（又称觉贤、佛贤）、宝云、昙摩密多，唐菩提流支，北宋法贤译。宋元以后，除较流行的康僧铠译二卷外，尚有支娄迦谶译《无量清净平等觉经》二卷，支贤译《阿弥陀三耶三佛萨楼佛檀过度人道经》二卷，菩提流支译《无量寿如来会》（即《大宝积经》第五会）二卷，法贤译《大乘无量寿庄严经》三卷行世。而其他七译即安世高译《无量寿经》二卷，帛延译《无量清净平等觉经》，竺法护译《无量寿经》二卷，竺法力译《无量寿至尊等正觉经》一卷，佛陀跋陀罗译《新无量寿经》二卷，昙摩密多译《新无量寿经》二卷，都仅有经录记载而未存世。该经诸多的译本，其内容的详略、义理的差异等都较大，因而学者认为是因其梵本原有数种之故。目前已发现的梵文抄本已有25种之多，其中包括在中国发现的中亚驴唇体文体。此外，古印度僧人胜友、施戒与智军合译了藏文本，收于大藏经甘珠尔中。

该经的注疏有：古印度世亲《无量寿优婆提舍》（即《净土论》），北魏慧远《无量寿经义疏》二卷，隋吉藏《无量寿经义疏》一卷，清彭际清《无量寿经起信论》三卷。新罗憬兴《无量寿经连义述文赞》三卷，玄一《无量寿经记》（上卷残存，下卷已佚），元晓《无量寿经疏》一卷。日本源空《无量寿经释》一卷，了慧《无量寿经钞》七卷，圣聪《无量寿经直谈要注记》二十四卷，道隐《无量寿经甄解》一十八卷，西吟《无量寿经显宗疏》十卷等。

本书所采用的汉译本是近人夏莲居集支娄迦谶、支谦、康僧铠、菩提流支、法贤所译五本现存译本会译而成。他在会译本中为该经分了章次,并在各章次前加了标题以示说明。这些都是原各译本中所没有的。因该会译本被公认为是精当明确的最善之本,故以此为蓝本译出该经。

夏莲居,郓城人,法号济慈,精于儒学,后皈依佛教为居士,归宗净土。鉴于《无量寿经》各译本之间存在的多种缺陷,于1932年发心重校此经,经过三年多的努力终于如愿以偿。

⑤ 法会圣众第一:夏莲居会译本所加标题,以下各章同。

⑥ 如是我闻:佛经开卷语。意思是:我是这样听(佛)说的。"如是"指经中的佛语,"我闻"指说经者阿难亲身听闻。古印度没有文字记录,佛经的传授全凭师徒口耳相传,并以四字为开场白。但这种形式很容易产生误差。为避免这种误差,在一段时间之后,佛教徒便集合起来,由一个博闻多见的佛弟子口诵佛所说之经,由其他一些上座比丘加以印证,这样就成了佛经的"结集"。后来有了文字,结集的主要任务就是为了将各种不同本子的佛经进行讨论、甄别、审核,最后统一诸说以文字确定下来,成为经典。

相传释迦牟尼去世后不久,以其著名的弟子大迦叶为首的500人,在王舍城外的七叶窟举行了佛教史上第一次结集。这次结集的主要内容是由号称多闻第一的佛弟子阿难和号称持律第一的优婆离分别诵出佛为僧伽团体所宣说的经法和所制定的仪规戒律。由此形成了佛教的"经"和"律"。因经是阿难诵出的,故以后佛教诸经均以阿难转述佛语的形式说出,又吸取了口耳相传时期的四字开场白形式,形成"如是我闻"语,表明此经并非杜撰,以此取信于众。以后为表信实,不是阿难持诵的经文也冠以此句。

⑦ 一时:那时候,有这么一个时候。指佛说法的具体时间,从法会开始到圆满结束的时候。

⑧ 王舍城:梵文作 Rajagrha,音译为"罗阅揭梨"、"罗阅祇"、

"罗阅"等。佛教圣地,属古印度摩揭陀国,频婆娑罗王曾建都于此,在今印度比哈尔邦底赖雅附近,有新旧城之分。旧王舍城为婆娑罗王建都之地,四周有裨婆跋恕山、萨多般那求阿山、因陀世罗求阿山、勒那山、萨簸恕困直迦钵婆罗山等五座山峰,佛经称为"灵山"。新王舍城为频婆娑罗王之子阿阇世王所建,在灵山五峰之外,规模小于旧城。释迦牟尼生前曾在此居住和传教。他去世后,其弟子们在此举行了佛教史上第一次结集。7世纪唐玄奘到此游历之时,该城已毁,但附近仍留有许多佛教古迹,如灵鹫山、竹林精舍、温泉精舍、七叶窟、迦兰陀池、毕钵罗窟、释迦牟尼舍利塔、提婆达多石室等。

⑨耆阇崛山:梵文作 Grdhrakuta,亦称"灵鹫山",印度佛教名山之一。位于比哈尔邦底赖耶,即古印度摩揭陀国王舍城东北,因山峰形如鹫首,故名;一说因山中多鹫而得名。释迦牟尼曾在此居住和说法多年。佛教史上首次结集亦在此山进行。中国东晋高僧法显及唐玄奘都曾到此。考古学家曾在此山发掘出释迦牟尼的初转法轮像、过去七佛像、弥勒菩萨像及印章等物。

⑩大比丘众:即德高望重的和尚们所组成的僧团。"大",指德高望重者,"比丘",佛教中的一种称谓,梵文 Bhiksu 的音译,又译"苾刍"、"备刍"、"比呼"等,意译"乞士"、"乞士男"、"熏士"等。指出家后受过具足戒的男性僧人。其含义据《大智度论》卷三载有五种:(1)乞士,包括内在的乞请和外在的乞请两个方面。内在即向如来乞法以明自身之真性,外在则向俗人乞食以养色身;(2)破烦恼,尤其是破除贪、瞋、痴;(3)出家人;(4)净持戒;(5)怖魔,即使恶魔闻而生畏怖之心。众:佛教名词,也称"合"、"和合众"、"和合僧"、"法众"。亦译"僧佉"、"僧伽"、"僧企那"等,即指佛教僧团,一般需要四人以上,并要具备两个条件方可构成僧伽:一是"理和",都要遵循佛教教义,以涅槃解脱为目的,二是"事和",表现在六个方面:戒和同修、见和同

解、身和同住、利和同均、口和无诤、意和同悦。一般所说的僧伽包括比丘僧伽（比丘众）和比丘尼僧伽（比丘尼众）两种，也就是受过比丘戒、比丘尼戒的出家男女团体，合称"二部众"、"二众"。因佛教团体又分为出家与在家两种，因而又有了所谓"七僧伽"之说，既包括了出家的比丘、比丘尼、沙弥、沙弥尼、正学女，也包括在家的优婆塞与优婆夷。

⑪ 大圣：指上文中的大比丘僧团。

⑫ 神通：佛教名词，梵文 Abhijñā 的意译，也作"神通力"、"神力"、"通力"、"通"。指通过修持禅定所得到的神秘灵力。佛、菩萨、阿罗汉有"六神通"：（1）足神通，指身体能自在飞行，上天入地，出入三界，变化自在；（2）天眼通，能见六道众生死此生彼的苦乐境况，见一切世间种种形色；（3）天耳通，能闻六道众生苦乐忧喜语言及世间诸神声音；（4）他心通，能知六道众生心中所念之事；（5）宿命通，能知自身及六道众生一世二世乃至百千万世的宿命及所做之事；（6）漏尽通，断除一切烦恼惑业，永离生死轮回之苦。六神通的获得，各经所说又有出入。《俱舍论》中说前五通凡夫亦可达到，第六通只有阿罗汉、菩萨与佛可得到；《大智度论》中则说菩萨得五通，佛得六通；《成实论》中认为外道（即佛教以外的其他派别）亦可得五通，有所谓"五通仙人"之说。

⑬ 尊者：佛教称谓。梵文 Ārya 的意译，亦译"圣者"，音译"阿梨耶"。指僧人中德、智兼备，为人所尊敬者。下座称上座为尊者，上座称下座为慧命。

⑭ 憍陈如：释迦牟尼成佛后，首次在鹿野苑倾听佛说法并随其出家的五位弟子之一。全名是阿若憍陈如。憍陈如是姓，意思是"火器"，因其祖先是婆罗门，祀奉火神，所以家族用祭祀神的火器当做姓。阿若是名，意思是人人所具有的如来智慧德相，并对此德相有所开悟、了达。

⑮ 舍利弗：释迦牟尼十大弟子之一。"舍利弗多罗"的略称，

梵文作 Sāriputra，旧译"奢利弗"、"富多罗"、"奢利补担罗"等，旧曾误译为"身子"，亦意译为"鹙露子"、"秋露子"等，据《佛本行集经·舍利目连因缘品》、《增一阿含经》卷三、《大智度论》卷十一等记载，他是古印度摩揭陀国王舍城人，属婆罗门种姓。从母得名。因马胜比丘为他说了"因缘所生法"，从而弃外道，随从释迦牟尼出家为僧。谓其持戒多闻，敏捷智慧，善讲佛法，故在十大弟子中被称为"智慧第一"。

⑯ 大目犍连：释迦牟尼十大弟子之一，全称"摩诃目犍连"，又称"目犍连"、"目连"。梵文作 Mahāmaudgalyāyana，旧译"摩诃目犍罗夜那"，意译为"采菽氏"。据《佛本行集经·舍利目连因缘品》、《增一阿含经》卷三等记载，他为古印度摩揭陀国王舍城郊人，属婆罗门种姓。与舍利弗原来同为六师外道，精通教法。后皈依释迦牟尼，侍佛左侧。据说他神通广大，能飞上兜率天，故称"神通第一"。后入罗阅城乞食时被反佛教的婆罗门众执杖打死。

⑰ 迦叶：即大迦叶，释迦牟尼十大弟子之一。梵文作 kāśyapa，全称"摩诃迦叶"，亦作"迦叶波"、"迦摄波"等。古印度摩揭陀国王舍城人，属婆罗门种姓。常修"头陀行"（佛教十二种苦修的总称），所以称为"头陀第一"。释迦牟尼去世后，他召集了佛教的第一次结集。

⑱ 阿难：释迦牟尼十大弟子之一，梵文作 Ānonda，全称"阿难陀"，意译"欢喜"、"庆喜"等。据传，生于迦毗罗卫城，他出生时正是释迦牟尼成道之夜。是释迦牟尼叔父斛饭王之子，提婆达多之弟，与释迦佛是表兄弟。于释尊55岁时始入佛门，侍从释尊前后达25年之久，闻听佛陀宣说佛法最多，故称为"多闻第一"。释迦牟尼去世后，在佛教第一次结集时，由他负责诵出经藏，此后佛经为了取信于众，皆称为阿难诵出。

释迦牟尼佛著名的弟子有十位，他们各有所长，除文中注出的舍利弗、大目犍连、迦叶和阿难四位之外,还有六位,他们分别是:(1)阿尼律陀,梵文作Aniruddha,旧译"阿那律"等,意译"如意"、"无贪"。佛经载为释迦牟尼叔父甘露饭王之子,迦毗罗卫国人。释迦成道归乡后遂跟从出家。因懈怠贪睡曾受到佛的责备,于是立誓昼夜不眠,以致双目失明。由于勤勉精进而得天眼通,能见天上地下六道众生,故被称为"天眼第一"。(2)须菩提:梵文作Subhūti,亦译"须浮提"、"须扶提"、"苏部底"等,亦译"善观"、"善见"、"妙生"、"空生"等。佛经载其为古印度拘萨罗国舍卫城人,属婆罗门种姓。据传他出生时家室皆空,故名"空生"。此时家人很害怕,因问占者,占者说是吉相,于是便称善吉;因他本性慈善,能常行善业,故名"善业"。以能深入理解佛法性空而驰名,故称为"解空第一"。(3)富楼那:梵文作Pūrna,"富楼那弥多尼子"的略称,意译"满慈子"。佛经载为迦毗罗婆苏(即迦毗罗卫)人。其父是净饭王的国师。据说与释迦牟尼同日出生,一出家即证阿罗汉果。因精于解说佛教义理,辩才出众,故称为"说法第一"。(4)迦旃延:梵文作Kātyāyana,旧译"迦旃子"、"迦旃延子"、"迦多衍那"等,常称"摩诃迦旃延"、"大迦旃延"。意译"剪剃种"、"扇绳"、"好肩"。佛经载其为古印度阿槃提国婆罗门之子。原出家学"外道",后从释迦出家,得道后专门弘法于乡里,被誉为巴利文典之祖。能分别诸经,善说法相,故称"议论第一"。(5)优婆离:梵文作Upāli,亦译"优婆利"、"优波离"、"邬波离"、"优波利"等,意译"近取"、"近执"。佛经载其为古印度迦毗罗卫国人,属首陀罗种姓。出家后奉持戒律,无所触犯,称为"持律第一"。佛教第一次结集时,由他负责阐述戒律。(6)罗睺罗:梵文作Rāhula,亦译"罗护罗"、"罗怙罗,意译"覆障"、"障月"、"执月",也称"罗云"。是释迦牟尼在俗时夫人耶输陀罗所生之子。15岁出家为沙弥,为佛教有沙弥之始。谓其"不毁禁戒,诵读不懈",密行超人,称为"密行第一"。

⑲普贤：中国佛教四大菩萨之一，梵文 Samantabhadra 的意译，亦译"徧吉"，音译"三曼多跋陀罗"。代表德行，尊号为"大行普贤"。相传四川峨嵋山为其显灵说法的道场。释迦牟尼佛的右胁侍，专司"理德"，与专司"智德"的左胁侍文殊并称。其塑像多骑六牙白象。代表法像是北宋年间在峨嵋山万年寺内安置的一尊铸铜普贤法像。

⑳菩萨："菩提萨埵"的略称，梵文 Bodhisattva 的音译，意译为"觉有情"、"道众生"、"道心众生"。汉文佛典中曾译为开士、始士、高士、大士、圣士、超士、力士、无双、大圣、法臣等。"菩提"意为"觉"、"智"、"道"等，指对佛教真理的觉悟从而达到通向涅槃之道路。"萨埵"，意为"有情"、"众生"、"有情众生"，佛教对人和一切有情生物的通称。"菩提"与"萨埵"二者合用，意为"觉悟有情众生"，指修持六度，上求觉悟，下化众生，将来成佛的修行者。因其修行具有"自觉"、"觉他"二品位，仅缺"觉行圆满"，所以地位仅次于佛。与声闻、缘觉并称为佛教"三乘"。菩萨的修行称"菩萨行"；教法以达到佛果为目的，称"菩萨乘"，经典称"菩萨藏"，戒律称"菩萨戒"。据《大智度论》卷七称，菩萨分为居家和出家两种，同书卷七十四又将菩萨身也分作两种，一是生死肉身，二是法性生身。

另外，大乘僧侣或居士有时也被尊称为菩萨，如印度大乘佛教学者龙树、世亲等。

中国佛教有四大菩萨之说，除普贤外其他三大菩萨分别是：（1）文殊师利：略称"文殊"，梵文 Mañjuśrī 的音译，亦译"曼殊室利"，意译"妙德"、"妙吉祥"等。以智慧辩才为大菩萨中第一，故尊号为"大智文殊"。相传其显灵说法的道场在山西五台山（即清凉山）。释迦牟尼佛的左胁侍，专司"智慧"，常与司"理"的右胁侍普贤并称。其形象为顶结五髻，手持宝剑，表示智慧锐利,骑狮子,象征智慧威猛。(2)观音:"观世音"的略称。梵文 Avalokiteśvara 的意译,又译"光世音"、"观自在"、"观世自在",音译"阿婆卢吉低舍婆罗"、"阿缚卢枳多伊湿伐罗"。早期佛经载其为大势至之兄,二人发愿修行,普度众生,一左一右同侍阿弥陀佛,并称"西方三圣"。佛教称其能现三十二化身,救十二种大难。信众只要诵念其名号,不分贵贱贤愚他便前往拯救。被尊为"大慈大悲救苦救难观世音菩萨"或称"大悲"。唐时因避太宗李世民之讳而称"观音"。传其生日为夏历二月十九,成道日为夏历六月十九,涅槃日为夏历九月十九。浙江普陀山为其说法道场。其形象初为男身,约在南北朝时出现女相,唐以后逐渐兴盛。有六观音、七观音、三十三观音等不同的名称。(3)地藏:梵文 Ksitigarbha 的意译,音译"乞叉底蘖婆"。《地藏十轮经》谓其"安忍不动犹如大地,静虑深密犹如地藏",故名。称其受释迦牟尼佛嘱咐,在释迦既灭、弥勒未生之前,自誓尽度六道众生,拯救诸苦,始愿成佛,"称为大愿菩萨"。其说法显灵的道场在安徽九华山。关于他出生来历的说法有很多,如新罗王族、大长者子、古印度婆罗门女等。其像一般是结跏趺座,右手持锡杖,左手持如意宝珠,像旁立一长者、一比丘,长者为闵长者,比丘为长者子,法名道明。地藏在九华山居住数十年后圆寂,但肉身不坏,以全身入塔。九华山的月(肉)身殿,传为其成道处。

在汉地的佛教艺术中,菩萨的形象多与佛相似,但顶无肉髻,常戴冠,梳披肩发(文殊常作五髻),身姿窈窕,衣饰纷繁,其量度为佛的十分之九。

㉑弥勒:佛教菩萨名。梵文 Maitreya 的音译,意译"慈氏",又称"慈氏菩萨"。佛教传说佛曾预言他将继承其位为未来佛("当佛")的菩萨。故又称"后生佛"、"未来佛"。《弥勒上生经》和《弥勒下生经》中皆载他生于婆罗门家庭,后皈依佛,先于释迦佛入灭,上生于兜率天内院,经四千岁(相当于人间五十六亿

七千万岁）后下生人间，于华林园龙华树下成佛，弘传佛法。中国寺院中所供奉的笑口常开、袒胸露腹的胖弥勒，是根据五代时一位叫契此的僧人形象塑造的，民间认为他是弥勒的化身。在胎藏界八叶院内的弥勒像则是左手当胸，手掌张开，右手执莲花。在金刚界微细会内的形象为：右手大指、食指、小指均竖立，中指与无名指弯曲置胸前，左手戴宝珠放在膝上。此外还有非常稀有的三十臂弥勒像。

㉒贤劫："劫"在佛教中用以表达一个极为久远的时期，源于印度婆罗门教。一劫相当于人世间的四十三亿二千万年，分为四个阶段：（1）成劫：世界与有情产生时期；（2）住劫：又称"续成劫"：世界与有情存在时期；（3）坏劫：水、火、风等毁灭世界时期；（4）空劫：世界已不存在，空无一物。贤劫属住劫范围，指我们现今所处的大时期，因有1000位佛相继出世，故名。在有的劫里则没有佛出世。在这一时期（住劫）以前的过去住劫称"庄严劫"，在此以后的未来住劫称"星宿劫"。

【白话】

我亲自听到佛这样说。

那时候，释迦牟尼佛住在王舍城的耆阇崛山中，与他同住在这里的有一万二千人，他们都是一些德高望重的大比丘。佛的这些弟子们通过修持禅定，都已修得了神足通、天眼通、天耳通、他心通、宿命通和漏尽通6种神通。能自在飞行，上天入地，出入三界，变化自在，能见世间众生出生入死的各种苦乐情景，听见世间的各种声音，知道世间众生心中所想之事以及自身和众生各世的宿命和所做之事，并已断除了一切烦恼惑业，永离生死轮回之苦。他们分别是上座的长老憍陈如、长老舍利弗、长老大目犍连、长老迦叶、长老阿难。此外还有普贤菩萨、文殊师利菩萨、弥勒菩萨以及我们现在所处的这个时期中的所有菩萨，也都来到这里参加佛法大会，倾听佛的教诲。

【说明】

此节经文向我们介绍了佛经的一个独特的写作格式，即在卷首必须首先点明"如是我闻"，以示说明该经的可信性。这是佛教首次结集后逐步形成的经文写作形式。佛教史上的结集有着非常重要的作用，它不仅使一些分歧得到解决，而且还使佛教的经籍倍出，准确性也增强了。除了文中注释所提到的第一次结集外，还有其他五次较为重要。第二次约在距佛灭百年之后，原因是僧团中关于戒律问题的争论。印度东部毗舍离的僧团曾对传统的戒律提出了一些新的主张，特别是出现了向人乞钱的事，遭到以耶舍长老为首的西部摩偷罗僧侣的反对。于是长者召集七百僧众在毗舍离结集，对经、律内容重新加以确定。确定了"十非法事"，如两指抄食、受畜金银钱等。这次结集称为七百结集或毗舍结集，又因参加者多为佛教长老，故又称上座部结集。但这次结集的决议引起了许多人反对，于是反对者又组织了一次结集，将十非法事宣布为合法，因参加者甚多，因而被称为大众部结集。从此，佛教产生了分裂。第三次结集在阿育王时期，南传佛典载是在佛灭 250 年之际。阿育王大力扶持佛教，每天在鸡圆寺中供养上万僧众，其中有许多非佛教的外道人，因而常引起争端。于是由目犍连子帝须为首的 1000 僧众，在华氏城对佛教三藏重新进行会诵、确认。此后，阿育王便向缅甸、斯里兰卡以及中亚、西亚等众多国家及地区派遣传教师，使佛教的影响遍及各地，成为世界性宗教。第四次结集在大月支贵霜帝国的迦腻色迦王时期。由胁尊者主持，以世友为上座，共有 500 人在迦湿弥罗参加。对经、律、论都作了注释。现只存论藏的注释，称《大毗婆沙论》。第五次结集发生在1857年的缅甸。由缅甸贡榜王朝的明顿王在首都曼德勒主持，参加者有二千多名上座僧人。以律藏为中心，对巴利文经典原文进行校勘考订，并将校订完成的全文铭刻于729块方形石块上，立于曼德勒的一寺院中。第六次结集是1954—1956年缅甸联邦政府为纪念释迦牟尼逝世2500周年而发起的。地点在仰光。来自缅甸、柬埔寨、斯里兰卡、印度、尼泊尔、泰国的上座比丘2500人参加了这次结集，完成了巴利文三藏的核校工作，使之成为目前最完善的巴利文大藏经。

其次，本节经文还点明了佛说经的时间、地点和听经的人众。以"一时，佛在某处与某某若干人俱"的格式写出。佛初说经时并无此序，后来弟子们结集佛经时，为了取信于众便增加了这一部分，所以又被称为"经后序"。本经这里所说为"一时佛在王舍城，耆阇崛山中，与大比丘众万二千人俱"。

对于一部佛经来说，根据它的写作形式和经文的内容，一般分为三大部分，称为序分、正宗分和流通分。所谓序分就是该经的序幕部分，它又包括通序和别序两部分，其中通序是诸佛经必须具备的内容，是一种固定的格式，指"如是我闻"一句及"一时，佛在某处与某某若干人俱"一句。这两句中包含了六种基本要素，在佛教中被称为"六成就"。首先，具体到本节经文来说，"如是"为"信成就"，指阿难之信；"我闻"为"闻成就"，指阿难亲耳所闻；"一时"为"时成就"，指说该经的时间；"佛"为"主成就"，指说法者；"在王舍城耆阇崛山中"为"处成就"，指说法的地点；"与大比丘众万二千人俱"为"众成就"，指听法的人众。有的经文即点到此，有的经文则具体列出听法者的名字，给人一种场面盛大，济济一堂之感，本经即是这样的。

由于此经的各种译本较多，因而在文字记载上互有出入。仅就该节经文而言，清代魏源所编《无量寿经会译》一卷中载与会的听众有大比丘众万二千人。而在后汉支娄迦谶所译《无量清净平等觉经》二卷、吴支谦译《阿弥陀三耶三佛萨楼佛檀过度人道经》二卷以及唐代菩提流支译《无量寿如来会》(即《大宝积经》第五会)二卷中都说是千二百五十人。到了宋代法贤所译《大乘无量寿庄严经》三卷中则说是三万二千人。藏译本和梵文本也同宋译相同。本会译本也采用了魏译的说法。

德遵普贤第二

【经文】

又贤护①等十六正士②,所谓善思惟菩萨、慧辩才菩萨、观无住菩萨、神通华菩萨、光英菩萨、宝幢菩萨、智上菩萨、寂根菩萨、信慧菩萨、愿慧菩萨、香象菩萨、宝英菩萨、中住菩萨、制行菩萨、解脱菩萨③,而为上首。

咸共遵修普贤大士④之德,具足无量行愿,安住一切功德⑤法⑥中。游步十方⑦,行权方便⑧,入佛法藏⑨,究竟彼岸。

愿于无量世界⑩成等正觉⑪。舍兜率⑫,降王宫,弃位出家⑬,苦行⑭学道⑮,作斯示现,顺世间故。以定慧力⑯,降伏魔怨⑰。得微妙法,成最正觉。天人归仰,请转法轮⑱。常以法音⑲觉诸世间⑳,破烦恼㉑城,坏诸欲㉒堑,洗濯垢污,显明清白。调众生,宣妙理,贮功德,示福田㉓;以诸法药㉔,救疗三苦㉕;升灌顶㉖阶;授菩提㉗记㉘;为教菩萨,作阿阇梨㉙;常习相应,无边诸行;成熟菩萨,无边善根㉚。无量诸佛咸共护念㉛。

诸佛刹中,皆能示现。譬善幻师㉜,现众异相㉝,于彼相中,实无可得。此诸菩萨,亦复如是。通诸法性㉞,达众生㉟相;供养㊱诸佛,开导群生,化现其身㊲;犹如电光,裂魔㊳见网,解诸缠缚。远超声闻㊴辟支佛㊵地,入空㊶、无相㊷、无愿法门㊸。善立方便,显示三乘㊹。于此中下㊺,而现灭度㊻,得无生㊼、无灭诸三摩地㊽,及得一切陀罗尼㊾门,随时悟入华严三昧㊿。具足总持㊿百千三昧,住深禅定㊿,悉睹无量诸佛。于一念㊿顷,遍游一切佛土㊿。

得佛辩才,住㊿普贤行。善能分别众生语言,开化显示真实之际,超过世间诸所有法,心常谛住度世之道,于一切万物㊿随意自在。为诸庶类,作不请之友。受持㊿如来㊿甚深法藏,护佛种性常使不绝。兴大悲㊿,悯有情,演慈辩,授法眼㊿,杜恶趣㊿,开善㊿门。于诸众生,视若自己;拯济负荷,皆度彼岸,悉获诸佛无量功德。智慧圣明,不可思议㊿。如是等诸大菩萨,无量无边,一时来集。又有比丘尼㊿五百人,清信士七千人,清信女㊿五百人,欲界天、色界天诸天梵众,悉共大会。

【注释】

①贤护:梵文名跋陀和,亦译贤守、贤首、善守。《贤护经》中说他是王舍城中的优婆塞,即居士。《名义集》中说他不仅自己护持自己的贤德,而且也护众生,故名贤护。又因他位居等觉,是一位等觉菩萨,是贤中之首,故名贤首。

②正士:菩萨的异称,指在家的菩萨。

③善思惟等菩萨:皆为在家菩萨。佛经中有的见载,有的则无。《四童子经》中说善思惟、慧辩才、观无住、神通华是他方世界中的菩萨应化托生印度的。《佛名经》中说光英、智上、寂根、愿慧菩萨是他方世界的菩萨。而《月灯三昧经》中说香象菩萨也是他方世界的大菩萨。其他六位即宝幢、信慧、宝英、中住、制行、解脱菩萨,在佛经中都未曾有载,但也有人认为他们也是他方世界有大成就的在家菩萨。

④ 大士：佛教称谓。梵文 Mahasāttva 的意译。音译"摩诃萨"。意指"伟大的人"，为菩萨之通称。

⑤ 功德："功"，指做善事。"德"，指得福报。一般指念佛、诵经、布施等，由此而能得到善报。

⑥ 法：梵文 Dharma 的意译，音译"达磨"、"达摩"。是佛教的基本观念和范畴。本意是"轨持"，"轨"指有一定的规律和规范，人能够认识它。"持"指自身所具有的特性。凡具有自身的特性，并为人们所认识的一切事物和现象皆称为"法"。在佛典中，"法"的具体含义首先指佛的教法，或称佛法。如佛、法、僧"三宝"中的"法"即是此意。其次泛指一切事物和现象，包括精神的和物质的、存在的和不存在的、过去的和未来的，如"一切法"、"三世诸法"等。此外，还特指某一事物和现象，如"心法"、"色法"等。本经此处的"法"即是一种泛指，属第二种含义。

由于佛教大小乘的区别以及众多派别的不同，使"法"的分类也各不同。大乘瑜伽行派和法相宗讲五位百法。五位，即把一切法分为色法、心法、心所有法、心不相行法和无为法五类。百法包括心法八种，心所有法五十一种，色法十一种，心不相行法二十四种，无为法六种，合计百种，故称五位百法。小乘佛教说一切有部则将其分为五位七十五法。在五位中将因缘和合而产生的有生灭变化的现象称为有为法，包括色法十一种，心法一种，心所有法四十六种，心不相应法十四种；将因缘和合而产生的无生灭变化的现象称无为法，只有三种，总计七十五种，故称五位七十五法。另外，还有各派都承认的一种分类法，称为"三科"，即把一切诸法分为五蕴、十二处（又称十二入）、十八界。五蕴包括色、受、想、行、识五种构成人的必要条件。十二处，即眼、耳、鼻、舌、身、意六种感觉器官（六根）以及与之相对应的色、声、香、味、触、觉六种客观对象（六境）。十八界，即六根、六境以及由此而产生的六识，包括眼识、耳识、鼻识、舌识、身识和意识。

⑦十方：佛教地域方位概念。指东、南、西、北、东南、东北、西南、西北、上、下各方。

⑧行权方便：指佛和菩萨将自身掌握的佛教理论和具有的各种神通等运用在社会生活的各个方面，以救度众生。

⑨法藏：有两层含义，其中之一是指法性含藏的无量功德。本文即指此意，是前句"行权方便"所要达到的目的。嘉祥《无量寿经义疏》："名理为藏，解契宗源，故云入佛法藏"。

⑩世界：世指时间，即过去、未来和现在。界指空间，即东西南北、东南、东北、西南、西北、上、下。又称"世间"。

⑪等正觉：这里指具有佛果位的智慧。另外也指佛的十号之一，亦名"正遍知"。谓平等周遍，离邪去妄的大智大觉。一说对于凡夫的"不觉"而称"正觉"，对于声闻、缘觉二乘的"独觉"而称"等觉"，合称"等正觉"。

⑫兜率：全称"兜率天"，梵文 Tusita 的音译，亦译"兜率陀"、"睹史多"等，意译"妙足"、"知足"等。

佛教将世俗世界划分为欲界、色界和无色界"三界"，认为是有情众生依存的三种境界。在欲界中包括六重天，即四天王天、忉利天、夜摩天、兜率天、乐变化天和他化自在天，在六重天中的居住者都离不开食欲和淫欲。兜率天处于第四重天的位置，距离第三天夜摩天有三亿二万由旬（古印度计算距离的单位，一由旬约相当于 30 至 60 里）远的距离，那里的一昼夜相当于人间 400 年。分为内院和外院，内院是如来寄居于欲界的"净土"，释迦牟尼的生母摩耶夫人死后即往生于此。佛教认为若皈依弥勒并称念其号者，死后往生于此。外院是欲界天的一部分。居住在兜率天中的人通体光明，能照耀整个世界。菩萨成佛前的最后住处也在此。

⑬出家：梵文 Pravrajana 的意译，音译"波吠你野"，亦译

"林居者"。指离开家庭到寺院中做僧尼。原为古代印度婆罗门教的一种遁世制度，后为佛教所接受并沿用。

⑭ 苦行：梵文 Tapas 的音译。宗教修行方法。古印度颇盛，有自饿、自坠、投渊、赴火、裸形、涂灰、拔发、缄默、学鸡犬和卧墓间等内容。竭力摧残肉体来磨炼精神意志，以求达到解脱。佛教不主张苦行，据说，释迦在成佛之前曾与五名侍从同在伽耶城南的优娄频罗村的苦行林中实行过6年苦行，但仍未悟道，于是他放弃苦行，另辟蹊径，终于悟得解脱之道。然而，从另一意义上说，释迦早就在忉利天中成道了。他在人间的6年苦行，不过是为了给众生作以示范，以证明它不能产生觉悟，解决生死问题。本经在此论说普贤菩萨修苦行的目的也正是此用意。

⑮ 道：这是指佛教的真理。

⑯ 定慧：指佛教的两种学问，即禅定和般若智慧（慧思）。前者是一种"修心"、"见性"的宗教思维修习，后者是智慧、义理，即佛教世界观的修习。在南北朝时期，北方注重禅定，南方注重义理。隋代南北统一。天台宗的智顗，提出了止观并重、定慧双修的主张。中国禅宗则将二者作为"体用"关系，认为"定是慧之体，慧是定之用"，要求"定慧等学"。

⑰ 魔怨：指妨碍修行的一些心理活动，如烦恼、疑惑等。

⑱ 转法轮：佛教中用以比喻释迦牟尼佛宣说佛法之事。"法轮"喻佛法，有两种含义：一是指佛法能摧毁众生的烦恼邪恶，二是指佛之说法，像车轮一样，辗转不停。"转"喻宣说。据传释迦牟尼成佛后，首先来到波罗奈城的鹿野苑寻找过去跟随他的五名侍者，向他们宣说自己获得彻悟的道理。鹿野苑说法是释迦成佛后第一次说法，此被佛教喻为"初转法轮"。初转法轮所宣说的正是"苦、集、灭、道"四谛之理，阐述人生的苦恼、无常，生死轮回的无穷无尽，分析造成人生苦恼的原因，证实涅槃寂静境界的奥妙，指出通往涅槃彼岸的修行之路。五位侍者颇受感悟，于

是从佛出家，成为他最初的五个弟子。从此，构成佛教的三个基本要素"佛、法、僧三宝"具备，佛教正式形成。

⑲ 法音：解说佛法的声音。

⑳ 世间：梵文 Laka 的意译。与此相对的是"出世间"。指世俗世界，即欲界、色界和无色界，又可以总分为有情世间和器世间两种。前者是对人、动物以及某些虚构的生类（如天、鬼等）的通称，它们是有生灭烦恼的有情众生，后者也称"国土世间"，指山河大地、草木禾稼、宫室园林、日月光明等无情识的外在环境，但又是有情众生所赖以生存的必要条件。

㉑ 烦恼：梵文 Kleśa 的意译，亦译"惑"。有二层含义，其一是对扰乱众生身心使其发生迷惑、苦恼等精神作用的统称。《大智度论》卷七："烦恼者，能令人心烦，能作恼故，名为烦恼。"二是泛指与佛教主张的宁静、涅槃境界相对立的一切思想和精神情绪。其分类很多，主要有根本烦恼、随烦恼等。

㉒ 欲：梵文 Chandas 或 Rajas 的意译。小乘佛教说一切有部大地法之一，法相宗别境之一。主要指食欲和淫欲这两种贪欲。他是导致众生陷入天、人、阿修罗、畜生、鬼、地狱这"六道"轮回的根本原因之一。

㉓ 福田：指一切产生福报的善行，好像农民耕种的田地，只要勤于耕作，就会有收获，只要行善，便可得到福报，故名。

㉔ 法药：比喻佛法。

㉕ 三苦：指受逼迫苦恼之意。一为苦苦，指正在受痛苦时的苦恼，如受饥寒渴热时产生的苦等。二为坏苦，是享受快乐时产生的苦，如由富变穷时产生的烦恼等。三为行苦，众生由于事物或自然规律变化无常，不能支配、久留它们而产生的苦恼，如生、老、病、死等苦。这三苦有社会原因造成的，也有自然原因造成的。

㉖ 灌顶：梵文 Abhiseka 的意译。原为印度古代国王即位时所举行的一种仪式，国师以四大海之水，灌于国王头顶，表示祝福。

佛教密宗仿效此法，在僧人嗣阿阇梨位时，设坛举行仪式，将法水灌于僧人头顶。佛教灌顶有初位和后位之分，此处指后位灌顶。

㉗菩提：梵文Bodhi的音译，意译"觉"、"智"等。指对佛教"真理"的觉悟。旧译作"道"，指通向涅槃之路。广义说，凡断绝世间烦恼而成就"涅槃"之"智慧"，通称"菩提"。另有一种"菩提"是佛所独有的，全称为"阿耨多罗三藐三菩提"，略称"阿耨菩提"，意译"无上正等正觉"，他能觉知一切"真理"，并能如实了知一切事物，从而达到无所不知的一种智慧。它是超人的、至高无上的圣智。

㉘授记：亦作"受记"、"记别"。受，接受（佛的）预言，记，指佛为某人作出预言。授记指佛对发大心之众生，授予将来必定作佛的预言。授记的分类较多，有两种授记、六种授记、八种授记之说。两种授记即无余记和有余记。前者指佛当场授记某众生于某劫中作佛，号某如来。后者指言告众生于未来某佛时最终消除某罪，某如来为汝授记（见《大疏》卷四）。这里指佛预言普贤未来将要成佛。

㉙阿阇梨：梵文Ācārya的音译。亦译"阿舍梨"、"阿祇利"、"阿遮利耶"、"阿遮利夜"，略译"阇梨"，意译"轨范师"、"正行"、"导师"，通指教授佛法之师。《四分律行事钞》卷上有五种阿阇梨：（1）出家阿阇梨（为初出家的弟子教授十戒的导师，亦称"十戒阿阇梨"）。（2）受戒阿阇梨（受具足戒时负责主持"白四羯磨"仪式之师，即先向出席仪式者告知授戒僧侣的名字，然后三次询问众人是否同意，也称"羯摩阿阇梨"）。（3）教授阿阇梨（受具足戒时教授威仪之师，也称"威仪阿阇梨"）。（4）授经阿阇梨（教读经书之师）。（5）依止阿阇梨（同起居，而从受教之师）。密宗则指精通曼奈罗及诸尊"印明"（印契与真言合称）并传法授灌顶之佛师。

㉚善根：佛教将一切与善心相应的或符合佛教义理的思想和

行为称为善；根，指能促进这种思想和行为不断产生、增长的根本。善根，广义地说是指在身、口、意三业中存在的善所具牢固性，它不仅能生妙果，而且能产生其他的善，是其他各善的根本，是人们将来取得善果的依据，故名。狭义地讲是指"四善根位"，修四念住之后，观四谛十六行相而生出的四种善德。

㉛护念：护持、忆念，意思是时时得到保护、庇护。

㉜幻师：即魔术师。比喻菩萨对众生有清楚的认识，就好像魔术师对自己所变现的一切皆有认识一样。

㉝相：指佛身体上显著的相貌特征。佛经中称佛有三十二相，与佛所具有的细微特征，即八十种好，合称为"相好"。这三十二相分别为：(1)足下安平立相；(2)足下二轮相（也作千辐轮相），脚心有轮宝（即战车轮）的肉纹；(3)长指相；(4)足跟广平相；(5)手足指缦网相；(6)手足柔软相；(7)足趺高满相；(8)伊泥延䏶相（或腨如鹿王相），股骨如鹿那样纤好；(9)正立手摩膝相；(10)阴藏相；(11)身广长等相；(12)毛上向相；(13)一孔一毛生相；(14)金色相；(15)丈光相，身光四射，达一丈远；(16)细薄皮相；(17)七处（即两足、两掌、两肩、脖颈）隆满相；(18)两腋下隆满相；(19)身体平正如狮子王相；(20)大直身相；(21)肩圆满而丰腴相；(22)四十齿相；(23)齿齐相；(24)牙白净相；(25)狮子颊相；(26)味中得上味相；(27)广长舌相；(28)梵声相，声音清净深远；(29)真青眼相；(30)眼睫如牛王相；(31)顶成肉髻相。这是人们辨别佛像的重要标志；(32)眉间白毫相。

㉞法性：梵文 Dharmadhātu 的意译。指人和事物等各种现象的本质。又称实相、真如、涅槃、法界等。

㉟众生：即"有情"，梵文 Sattva 的意译。音译为"萨埵"。也称"有情众生"。是佛教对人和一切有情识生物的通称。《成唯识论述记》卷一载："梵云萨埵，此言有情，有情识故。今谈众生，有此情识，故名有情。"反之，一些生物和非生物，如草木、山

河、大地、土石等则成为无情识的东西，被称为"非情"或"无情"。佛教对有情的分类法通常有三种，即五趣或六趣、七识住和九有情居，其中五趣（道）或六趣（道）是最常见的分类，包括地狱、饿鬼、畜生、天、人五趣（道）或加上阿修罗为六趣（道），是众生轮回之所。

㊱ 供养：亦作"供施"、"供给"等。一指以香花、明灯、饮食、衣服、卧具等各类资财供佛、菩萨及亡灵。二指对僧尼的施舍，即斋僧尼。供养主要分为两种，即财供养和法供养。以香花、饮食等实物供养佛、僧为财供养，以讲经说法，修行利益众生为法供养。现代中国佛教把花瓶、香炉、烛台视为佛前三大供养，称"三具足"。

此外还有三种、四种、五种、六种、十种供养之说。三种供养指利供养（香花、饮食等）、敬供养（赞叹、恭敬）、行供养（受持修行妙法）。四种供养指饮食、衣服、卧具、汤药。五种供养指涂香、花、烧香、饮食和灯明。六种供养指香水、涂香、花、焚香、饮食、灯明。十种供养指花、香、璎珞、抹香、烧香、缯盖、幢幡、衣服、妓乐、合掌。

㊲ 化身：指佛、菩萨为化度众生，在世上现身说法时变化的种种形象。

㊳ 魔：梵文作 Māra，音译"魔罗"，简称为"魔"。汉译佛经在梁武帝之前译作"磨"，偶有写作"麽"、"摩"的，梁武帝改为"魔"。意为"扰乱"、"破坏"、"障碍"等。佛教指能扰乱身心、破坏修行的各种心理意念和行为。亦谓"魔事"、"魔障"。《大智度论》卷五："问曰：何以名魔？答曰：夺慧命，坏道法功德善本，是故名为魔。"

佛教中关于"魔"的说法有很多，主要是《大智度论》卷五所说的"四魔"：（1）烦恼魔：贪、瞋、痴、慢、疑、不正见等六种"根本烦恼"。（2）阴魔：即色、受、想、行、识等"五阴"所生的身心烦恼。(3)死魔：即断"命根"。(4)天魔：即欲界第六天他化自在天的魔王。"天魔"是魔的本义。其余为引申义。"魔王"名叫"魔波旬"（梵语为 Mārapāpīyas），据说，他经常率魔众到人间去破坏佛法。

㊴声闻：梵文 Sravaka 的意译，原指释迦牟尼在世时听其说法的弟子，后泛指听闻佛陀言教而觉悟的人。与缘觉、菩萨共同构成佛教三乘。指那些只能遵照佛的说教修行，以达到自身的解脱为目的的小乘法弟子。修持声闻所能达到的果位共有四种：阿那含、阿罗汉、须陀洹、斯陀含。

㊵辟支佛：梵语作 Pratyekabuddha，亦译"缘觉"、"独觉"，指在无佛世中独自观察"十二因缘"而觉悟的小乘弟子。与声闻、菩萨并称佛教"三乘"。

㊶空：梵文 Śunya 的意译，音译"舜若"。指事物存在的无实定性，是佛教表述"非有"、"非存在"的一个基本概念。谓一切现象都是因缘和合而成、刹那生灭的，因而是假而不实的，故谓"空"。佛教各时期、各派别对空的解释不同。在原始佛教中，空只是整个佛教体系中的一个普通概念。部派佛教时期，这一概念成为当时争论的焦点之一。大乘佛教时期，尤其是般若经系统的大乘思想更是以空为其理论基础。从否定的对象来说，一般小乘佛教主张"人我空"，亦名"无我"，"人无我"，认为一切有情都是由各个元素聚合而成的，因此是不断生灭，不具备某一固定的主宰——我，故为"人我空"。大乘在"人我空"之外，还讲"法我空"，或名"法空"、"法无我"，认为一切事物现象都依赖于一定的因缘或条件才能存在，本身没有任何质的规定性，无须经过分解，现象本身即是空。但大乘中观学派又认为法空并非虚无，它只是一种不可描述的实在，称为"妙有"。瑜伽行派害怕"一切皆空"，导致对成佛的主体和境界的否定，于是提出万法唯识所变、识无境无的主张。从论证的方式来说，空可分为"分析空"和"当

体空"两种。分析空主要是小乘所采用的方法,将事物分解为若干基本因素或部分,论证它们所具有的生灭变化的特性,以此说明事物的不存在。当体空主要是大乘所采用的方法,认为无须分解一切事物,只要用空的理法去观察就可明白它本身即是空。佛教各派还推衍出三空、四空、六空、七空、十空、十一空、十二空、十四空、十六空、十八空、十九空、二十空等。其中以《大品般若》、《大智度论》所说的十八空影响较大。

㊷ 无相:"相"指现象的相状和性质,亦指认识中的表象和概念,即"名相"。与"有相"(指可见知的事物)相对。指摆脱世俗之有相认识所得到的真如实相。故"无相"即是"法性"、"涅槃"。中国禅宗以"无相"作为其教义的重要内容。

㊸ 法门:指通过修习佛法而获得佛果的门径。这里指佛门。

㊹ 三乘:即小乘声闻、中乘缘觉、大乘菩萨。是引导教化众生达到解脱的三种方法。

㊺ 中下:指上句中的小乘缘觉、声闻二乘。

㊻ 灭度:灭烦恼、度苦海。"涅槃"的意译。也指僧侣的死亡。

㊼ 无生:亦称"无生法"。与涅槃、实相、法性等含义相同,认为一切现象的生灭变化都是世间众生虚妄分别的产物,本质在于"无生","无生"即"无灭",故寂静如涅槃,为诸法"实相"、"真如"。修得无生,即是涅槃。

㊽ 三摩地:即三昧。梵文 Samādhi 的音译,亦译为"三摩提",意译为"定"、"等持"、"禅定"。是佛教的一种修行方法,谓集中精神一心修持,不受外界任何干扰。《大智度论》卷五:"善心一处不动,是名三昧","一切禅定,亦名定,亦名三昧"。大小乘中,三昧的种类很多,有"三三昧"、"四种三昧"、"百八三昧"等。

㊾ 陀罗尼:梵文 Dhāranī,意为"总持",指能持集善法而

不散失，持集恶法而不起力用。分为法、义、咒、忍四种“陀罗尼”。今多指咒，即秘密语。

㊿ 华严三昧：将“一真法界”（或称一心法界，即真如佛性）视为世界一切现象的本源,用法界缘起说明现象间的关系是由“清静心”、“随缘”生起，离开“一心”，更无别物，在此“一心”的作用下，各种现象都处在你中有我，我中有你，你即是我，我即是你的所谓“圆融无碍”、“重重无尽”的联系中。以此庄严佛果谓之“华严”。三昧即“定”,意谓一心专入一境而不散乱,这里指一心专修“华严”。

(51) 总持：即陀罗尼。

(52) 禅定：禅和定的合称。禅，梵文 Dhyāna，音译“禅那”之略，意译“静虑”、“思维修”、“弃恶”、“功德丛林”等。谓心绪宁静专注一境，深入思虑义理。特指为生于色界诸天而行之宗教思维修习。定，梵文 Samādhi 的意译，亦译“等持”，音译“三摩地”、“三昧”。谓心专注一境而不散乱的精神状态，包括与生具来的“生定”和后天专为获得佛教智慧、功德和神通而修习所得到的“修定”两种。“定学”被列为佛教三学之一。禅只是各种“定”中的一种。“禅定”是佛教的一种宗教修养活动,历来都十分受重视，原始佛教和部派佛教都认为修行的主要方法是禅定。后来大乘佛教更进一步将禅定与“般若”结合起来,以“智慧”来指导禅定,“止观双修”、“定慧双运”被视为宗教修行的基本功。中国禅宗更以“禅”命名，用禅定概括佛教的全部修习，进一步扩大了禅定的观念，重视“修心”、“见性”，而不再限于静坐凝心专注观境的外在形式。佛教各派关于禅定的说法很多,其中最基本的有“四禅”、“念佛禅”和“实相禅”。

(53) 一念：亦称“一心”，指心念活动的最短时刻或极短促的时间。《仁王波若波罗蜜经·观空品》:“九十刹那为一念”。又北魏昙鸾《无量寿经优婆提舍愿生偈注》卷上：“六十刹那为一念”。

㊺ 佛土：即净土。大乘佛教所说的佛所居住的世界，亦称"净刹"、"净界"、净国、"佛国"。与世俗众生居住的"秽土"、"秽国"相对。大乘认为佛有无数，因而净土也有无数。本经所说的阿弥陀佛西方净土是影响较大的。但大乘的一些经典则反对在世俗世间之外另建净土，如《维摩诘经》即是这样的，它认为只要内心觉悟，从而改造现实世间即可使之成为净土，《佛国品》："若菩萨欲得净土，当净其心，随其心净，则佛净土。"中国禅宗南宗亦提倡即心是佛。

㊻ 住：指事物产生后的相对稳定状态。

㊼ 一切万物：指宇宙间所存在的所有事物。

㊽ 受持：指对佛法领受在心，持久不忘。

㊾ 如来：梵文 Tathāgata 的意译，音译"多陀阿伽陀"、"答塔葛达"、"怛陀仪多"等。佛的十大名号之一。

㊿ 大悲：佛教认为拯救一切受苦受难的人为大悲。

㉖ 法眼：佛教有五眼之说，包括肉眼、天眼、慧眼、法眼、佛眼。凡夫所见为肉眼，天人禅定所见为天眼，小乘照见真空无相的智慧为慧眼，佛陀通达一切的无上智慧为佛眼。法眼一方面泛指佛教观察事物、认识"真理"的一种智慧，另一方面指佛教观察问题的各个特殊角度或看待问题的各种观点，其中被某一宗派所尊崇并构成该宗派特点的观点，就被称为"正法眼"。

㉗ 恶趣：即恶道，一般指地狱、饿鬼和畜生三个轮回之所。被称为"三恶道"。佛教认为众生根据生前的善恶行为，死后便有不同的轮回转生趋向。而这里则是一切众生造恶所生之处，故名恶趣或三恶道、三恶趣。造上品十恶业者堕于地狱之中，造中品十恶业者堕恶鬼之中，造下品十恶业者则堕于畜生之道中。

㉘ 善：梵文 Kuśala 的意译，与"恶"相对，广义指与"善"心相应的一切思想行动，凡符合佛教教理的为"善"。狭义指法相宗心所法之一。

㊣ 不可思议：指思想言语所不能达到的境界。
㊣ 比丘尼：出家受具足戒的女性，俗称"尼姑"、"尼"。梵文 Bhiksuni 的音译，又译"苾刍尼"、"煏刍尼"等，意译为"乞士女"、"除女"、"薰女"等，亦称"沙门尼"。以阿难恳请初度释迦牟尼的姨母出家为比丘尼之始。
㊣ 清信士、清信女：指未出家的佛教男女信徒，即优婆塞、优婆夷。

【白话】

还有以贤护为代表的十六位菩萨，分别是善思惟菩萨、慧辩才菩萨、观无住菩萨、神通华菩萨、光英菩萨、宝幢菩萨、智上菩萨、寂根菩萨、信慧菩萨、愿慧菩萨、香象菩萨、宝英菩萨、中住菩萨、制行菩萨、解脱菩萨，也都来此集会。

以上所有的菩萨对普贤菩萨所具有的德行都很佩服，并将他作为榜样，像他一样发下弘愿，多积功德，普度众生，并云游于天地之间，将自身通过修行所掌握的佛教真谛及所具有的各种神通灵力，运用到这种救度众生的过程之中，使天地众生领悟到佛法的无量功德，从而远离五浊恶世，达到令人向往的彼岸净土世界。

普贤菩萨曾发下大誓，立志要在无穷尽的世间修行成就佛果位。于是他离开了兜率天宫，投胎降生到人世间的王宫之中，随后又抛弃王位出家修行，想通过苦行来证悟佛教的真理，就像佛祖释迦牟尼先前所做的一样。他这样做的目的是为了顺应世间大众的做法，向他们显示佛教真理的不同寻常之处。他在修行之中所凭借的两种学问是禅定和般若智慧，通过定慧双修来克服一切妨碍修行的心理活动，如烦恼、欲望、疑惑等，从而得到佛教智慧的真谛，成就佛之大智慧。天神们以及世间的俗人们对他的行为和取得的成就都表示崇敬和钦佩，于是纷纷恭请他来宣讲佛法。他对佛法的解说，帮助世间众生觉悟真理，破除那些扰乱众生身心，使其发生迷惑、苦恼或贪、瞋、痴等的不正确思想，毁坏那些导致众生陷入天、人、阿修罗、畜生、饿鬼、地狱这"六道"轮回之中的各种贪欲，洗清蒙蔽在众生心灵之上的各种污垢，使他们的纯净真如之心显现出来。然后像对待病人那样，菩萨以佛法为良药来调理众生，向他们宣讲佛法的精妙真理，使他们明白供养佛、法、僧、积功德，就像农民耕种田地一样，将来必定得到福报。普贤菩萨还以同样的方法去拯救治疗有情众生所遭受到的三界生死的大病，即苦苦、坏苦、行苦。他所做的这些事情，使他由初地菩萨得以升到"一生补处"的候补佛位，佛已向他做出预言，预言他将来必定成佛。为教导其他诸菩萨，他常常做他们的导师，时时修习与佛相应的无边的行德，圆满成就了大菩萨的功德，受到无数诸佛的庇护和眷顾。

普贤菩萨在佛世界中也像在有情世间一样，都能宣讲佛法。他好像一位魔术师，展现在大家面前的是不同的形象，他的这些形象实际上都是虚幻不实的，若加以追究的话，是什么也不能得到的。在这里集会的各位菩萨也与普贤菩萨是一样的，他们对人和事物等各种现象的本质都已认识到，并且能够化现出与此相应的人和一切有情识的生物的形象，通过这些形象供养诸佛，并用佛教理论开导众生。菩萨们在世上现身说法时所变化的种种形象犹如闪电一样，划破了魔见邪业之网，解脱了各种烦恼的束缚。他们的德行和声名，远远超出了声闻、缘觉二乘的境界，进入了无自性我执、无名相法执、无妄想取执之心的境界。菩萨们巧妙地随机应变在世间进行教化，向世人展现小乘声闻、中乘缘觉以及大乘菩萨这三乘的教法，在声闻和缘觉二乘中远远超出了其境界，达到了菩萨所行的涅槃之境，得到了无生、无灭，超离生死的正定智慧，由此便持集善法而不散失，持集恶法而不起用，随时一心悟到由缘起修万行的华严正智，具备和保有成百上千种灭烦恼的禅定方法，通过这些方法，菩萨们进入幽深奥妙的禅定境界之后，便都能亲自目睹无数众佛。在一念之间这样短促的时间里，游遍一切佛所居住的世界。

此外，菩萨们还像普贤菩萨一样成就了善于宣说佛法的雄辩才能。常以各国的语言宣说佛法，开导众生。他们所宣讲的佛教真理实相，远远超越了世间一切依存于因果的"有为法"，达到了性空无相境界，心常保持在清静的出世涅槃的"无为法"上而以此来济度世间，所以对待宇宙间的所有事物，都能做到随意自在。为了有情众生的解脱，他们将佛法领受在心，持久不忘，不知疲倦地传授给众生，使他们的菩提之心不致断绝。菩萨们兴发了大慈大悲之心，怜惜有情众生，因而说法，将佛法中观察事物、认识真理的智慧传授给他们，使他们不致被抛到地狱、饿鬼和畜生三个轮回之中，为他们开启菩提涅槃的大门。对待世间一切众生，就像对待自己一样，努力去拯救他们，将他们全部成功地救度到觉悟的彼岸世界之中，享受到无数诸佛的功德。诸位菩萨的智慧行愿是如此的伟大，真是思想和言语都难以表述的。像这样诸多的菩萨有许许多多，他们全都来到耆阇崛山释迦牟尼佛的身边，倾听佛法。还有比丘尼五百人，清信士七千人，清信女五百人，以及欲界天、色界天中的所有天神，也都一同参加了这一次的集会。

【说明】

此节经文主要是承前节而来，也是佛经正式记录佛说法的前提。仍应看做序分中的通序部分。所谓"六成就"中的"众成就"部分在此继续被列举出来。将前节经文与此分开，是夏莲居在会译时进行的。此节经文大乘佛教"自度度他"的理论贯穿其中，介绍了以"德"著称的普贤菩萨的大愿以及所行之愿对其他诸菩萨的影响，由于这一誓愿和影响，使世间众生得到救度。

经文中首先介绍了大乘佛教的修行方法，利用苦行达到解脱只是世人的做法，普贤菩萨已经向人们作了示现，表明是行不通的，正确的方法应是修持六度、四摄的所谓"菩萨行"。六度是指布施、持戒、忍辱、精进、禅定、智慧。认为这六种方法是能够脱离生死苦海、达到涅槃彼岸的惟一通道。四摄指布施、爱语、利行、同事四种在大众中进行共同生活和活动的方式。大乘教徒把释迦成佛以前的阶段作为自己修行的榜样，因此普贤的行为正是仿效释迦而来。其次通过普贤及众菩萨的各种变现讲述大乘佛教所谓"人法两空"的思想，既否定人的主观主体，又否定客观事物的存在。世间万物的形象就好像魔术的变幻，虽然能见到它们的相状，但"于彼相中，实无可得"。"性空幻有"，这是大乘的思想。第三以普度众生为宗旨，提出了大乘佛教修行所要达到的最后目标——成佛。

本节经文所列的十七位在家菩萨，是与魏译本相符的，而在唐译本中仅列了十三位菩萨，在藏译和梵文本中则仅列有慈氏菩萨，在吴、后汉及宋三译中均未列出诸菩萨名。对于菩萨德行的赞叹中，魏、唐两译本大致相同，其他诸译本均未见有载。列出这些菩萨的目的，完全可以看做是一种暗示、引导性的行为，表示净土法门不仅对于出家的佛弟子们，而且对于在家的众人都是适宜修持的。这正是净土宗以此经典为核心，在佛教史上特别盛行于世的一个基本条件和原因之一。

大教缘起第三

【经文】

尔时①世尊②，威光赫奕。如融金聚，又如明镜，影畅表里，现大光明，数千百变。尊者阿难，即自思惟：今日世尊色身诸根，悦豫清净，光颜巍巍，宝刹庄严。从昔以来，所未曾见，喜得瞻仰，生希有③心。即从座起，偏袒右肩④，长跪⑤合掌⑥而白佛言：世尊今日入大寂定⑦，住奇特法，住诸佛所⑧，住导师之行最胜之道。去来现在佛佛相念，为念过去未来诸佛耶？为念现在他方诸佛耶？何故威神显耀、光瑞殊妙乃尔？愿为宣说。

于是世尊告阿难言：善哉！善哉！汝为哀悯利乐诸众生故，能问如是微妙之义，汝今斯问，胜于供养一天下阿罗汉⑨、辟支佛，布施⑩累劫诸天人民、蜎飞蠕动之类功德百千万倍。何以故？当来诸天人民、一切含灵皆因汝问而得度脱故。阿难！如来以无尽大悲，矜哀三界⑪，所以出兴于世，光阐道教⑫，欲拯群氓，惠以真实之利，难值难见，如优钵花⑬，希有⑭出现，汝今所问，多所饶益。

阿难当知，如来正觉，其智⑮难量，无有障碍；能于念顷，住无量亿劫，身及诸根，无有增减。所以者何？如来定慧，究畅无极，于一切法，而得最胜自在故。阿难谛听，善思念之。吾当为汝，分别解说。

【注释】

① 尔时：那时，那一日。

② 世尊：梵文 Bhagavat 和 Lokanātha 的意译，音译："薄伽梵"或"婆伽婆"。原为婆罗门教对于长者的尊称，佛教用以尊称佛祖释迦牟尼。《大乘义章》卷二十："佛备众德；为世钦重，故号世尊。"即释迦牟尼具足十大名号之德，故总而称之为世尊。这十大名号是：（1）如来，即乘"如"实之道"来"而成正觉；（2）应供，即应该享受人、天的供养；（3）正遍知，即能够正确遍知一切事物；（4）明行足，即具有能知过去世的"宿命明"，能知未来世的"天眼明"和断尽烦恼、得大解脱的"漏尽明"；（5）善逝，即佛入涅；（6）世间解，即对世间的一切都能了解，从世间获得解脱；（7）无上士，即是世间至高无上最尊贵的人；（8）调御丈夫，即善于说教并能引导世间修行者（丈夫）入善道，通往涅槃；（9）天人师，即人、天的导师；（10）佛，即自觉、觉他，觉行圆满。关于"十号"，其他经论尚有不同的分法。

③ 希有：稀奇少有，稀有难得的意思。佛经中在赞佛时常用此词。一般有四层含义：一是"时希有"，即指在过去佛迦叶与未来佛弥勒之间相隔千万年，此间除了释迦牟尼佛外，别无他佛；二是"处希有"，即在三千大千世界中惟有释迦牟尼佛一人；三是"德希有"，即释迦牟尼佛的功德无与伦比；四是"事希有"，即释迦牟尼佛能以大慈大悲之心变化万千，利益众生。这里的"希有"兼含此四层意义。

④ 偏袒右肩：将右肩袒露在外面，是古代印度的一种礼节，表示非常恭敬。佛教规定僧人穿袈裟皆要露出右肩，故上衣皆斜披。

⑤ 长跪：佛教礼节，即双膝下跪，两胫翘空，两足指拄地，

挺身。佛教规定，比丘尼实行长跪礼，比丘则实行互跪礼，即单膝下跪。《释门归敬仪》卷下："僧是丈夫，刚干事立，故制互跪。尼是女弱，翘苦易劳，故令长跪。"

⑥ 合掌：佛教常见的一种礼节，也称"合十"。双手十指伸直，相互合拢，置于胸前。表示衷心敬意。原为古印度的一般礼节，佛教沿用，认为手本两边，合拢为一，表示不敢散乱，专注一心。

⑦ 大寂定：寂定，指心不弛散，始终保持平静状态。下文"广普寂定，深入菩萨法藏"意思同此。大寂定，指如来所进入的禅定状态。

⑧ 佛所：佛所居住的地方，即佛土、佛国、佛刹、佛世界。小乘佛教主张惟有释迦牟尼才是佛，故"佛所"即是指释迦牟尼所居住的地方娑婆世界，也就是我们现在所处的世界。大乘佛教则主张多佛论，认为佛的数量就如恒河的沙一样多，一佛一世界，故而有无数个佛世界。因而本经中说："住诸佛所。"

⑨ 阿罗汉：略称罗汉，梵文 Arhat 的音译，亦译"阿罗诃"，是小乘佛教修习的最高果位。

⑩ 布施：梵文 Dāna 的意译，简称"施"，音译"檀"、"檀那"。为六度之一，是从生死此岸到达涅槃彼岸的一种修行方法。指将自己的财物、体力和智慧等给予别人，为他人造福成智，也使自己积累功德，得到解脱。《大乘义章》卷二十："以己财事分布与他，名之为'布'，惙己惠人目之为'施'。"在大乘佛教的一些经典中，布施的范围很广，从衣食车马至土地屋室，以至奴婢、家人、妻子等。布施的对象除人类以外，还遍及到动物。与大慈大悲的教义相联系，用于超度众生，并将它列为"四摄"（菩萨为摄受众生，使众生产生亲爱之心，皈依佛道而应做的四件事）之一，称为"布施摄"。而小乘则将布施看做是在破除个人的吝啬和贪心，以此树立功德，免除未来世的贫困。

布施的分类有许多，从所施来看有两种布施、三种布施和四种布施等。两种布施指施舍财物的财布施和说法度生的法布施；除此而外，再加无畏施而成为三种布施，即在危难之时给人以帮助，拯救其身。四种布施指：笔施、墨施，即以笔、墨资助写经之人；经施，以经书施予他人；说法施，为人说法。受施的对象有：远道而来者、离家远出者、病弱者、饥饿者以及智法人。施者的目的一种是净施，指布施时不求世间回报，但为资助出世之善根及证入涅槃之因，以一种毫无尘染的清净之心而布施；另一种是不净施，即以世俗的尘染之心，妄求福报而行布施。佛经曾载释迦牟尼前世无数生中，曾多次以身舍命布施，如舍身饲虎，割肉饲鹰等。这是布施的最极端形式。隋"嘉祥大师"吉藏将布施分为上、中、下三等，上等为法布施，中等为内施，以生身性命布施；下等指外施，即以身体之外的财物布施。此外还有七布施、八布施之说。

⑪ 三界：梵文作 Trilokya，佛教把世界分为欲界、色界和无色界，是一切众生六道轮回的处所。据《俱舍论》卷八等载：欲界为具有食欲、淫欲的众生所居之地，包括"五道"中的地狱、畜生、饿鬼、六欲天和人，以及他们所依存的场所（"器世间"），如人所居住的四洲等；色界，位于欲界之上，是离开了食、淫二欲的众生居住的地方，包括四静虑处（或四禅天）十七种天，称为色界十七天，但仍未脱离物质；无色界，在色界之上，为无形色众生所居之地，包括四天，称四无色天。依据各人所做功德和禅定修行的程度不同所达三界亦不同。据称，修四静虑死后可生色界；如果不修或修行未达到一定程度，死后则生欲界；修四无色空，死后生无色界。佛教认为，只有超脱这三界，才能从中解脱，达到最高涅槃境界。

⑫ 道教：指佛教的理论、义理。

⑬ 优钵花：一种植物，产于印度及斯里兰卡等地。梵文作

Udumbara，又译为"优昙婆罗"、"邬昙钵罗"、"优昙钵"等，意为"灵瑞"、"瑞应"。据说此花的叶形像梨，果实甘甜，三千年才开花一次，非常难见。故此佛经常以此花比喻稀有、难得的事物。佛教认为此花一开便是祥瑞之相，会有佛出世。

⑭希有：稀少难得，少有，与上文中意思不同。

⑮智：指人们所普遍具有的辨认事物、判断是非善恶的能力或认识。在佛教中主要被用来形容开悟的智慧。但佛教认为智与慧是有区别的。正在观察、分别抉择事物时，称为慧（无间道）；而已经对事物做出了决断并通达明了时，则称为智（解脱道）。尽智、无生智、正智等为阿罗汉的智慧；智般罗蜜是十地最高菩萨的智慧；成所作智、妙观察智、平等性智、大圆镜智四智与法界体性智的五智均为菩萨悟的智慧；一切智、道种智、一切种智（一切智智）三智，分别为声闻、缘觉、菩萨、佛的智慧。这里的"智"是指佛所拥有的，断除了无明烦恼而得解脱的无上智慧，因而它广大渊深，难以估测。

【白话】

那一天，释迦牟尼佛威严庄重，神采奕奕，他的光彩就像黄金铸造出来的一样，金光四射；又像是一面明亮的镜子，让人看得见他的内心与外表完全是表里如一的。释迦牟尼佛所发出的神光，真是千变万化啊！

阿难长老见此情景，便暗自思忖："今天释迦牟尼佛相貌堂堂，仪表威严庄重，面容和悦清新平静，将十方佛国映照得如此恢宏庄重，这是往日所不曾见到的，真是幸运有此机会见到他这样的尊容，太难得了！"想到这里，他便从座位上站起来，非常恭敬地将右肩露在袈裟之外，双膝跪于地上，双手合十置于胸前，向佛行礼，然后对佛说："世尊，您今日进入到无生无灭的大涅槃境界，不仅能够示现出各种奇特的相状，而且也示现出十方诸佛庄严的国土和作为解脱者才拥有的那种慈祥和蔼面貌以及宽宏大量之心，您是因为心中念记着过去、现在、未来三世的诸佛呢，还是因为心中念记着过去、将来世的诸佛，更或是念记着现在世的他方佛国的诸佛呢？如果不是这样，您为何能够显示神威，光彩照人呢？请您为我们解说一下这个奥秘吧。"

世尊听了阿难的话后便对他说："善哉！善哉！你出于同情众生，希望帮助他们达到解脱的原故，因而能够问我这些玄妙的问题，你今天的这一询问，其功德比供养一天之下的阿罗汉、辟支佛还大千百万倍，也比你对诸天众生以及各类鸟兽虫蠕所行布施的功德大千百万倍。为什么这样说呢？因为有情世界与无情世界的一切众生，都会因为你的问题而得到救度，摆脱苦海。阿难，我以无穷无尽的救度众生的大悲之心，出于同情哀怜三界众生的目的，来到这个世界上，广泛宏传佛教之法，希望能够将这些愚昧没有觉悟的众生救度出来，使他们享受到佛教真理所带来的各种利益，这种真实的佛法之理是难得听到的，就如同优昙花一样难以见到。你今天已经问到的这个问题，对三界众生都有说不尽的益处。

"阿难，你应该知道，佛的智慧境界真是高深莫测，不可估量，没有任何事情可以阻挡这种智慧。能在一念之间经历亿万万年这样无穷无尽的时间，即使这样，身体的各个部分仍能保持完好，没有任何损毁。为什么能做到这样呢？全靠佛的禅定和智慧。这种禅定和智慧，在佛所说的一切修行法当中是最高的，一旦得到它便能随心所欲，变化自如。阿难，请你仔细地聆听，并认真地思考，我将把定慧之法及佛的智慧境界向你分别作以解说。"

【说明】

本节经文承前启后，为正文作铺垫，是序分中的别序部分，亦称为发起序，是针对序分中第一部分的通序而言的，意思是这里的内容虽然仍属于序，但却与其他经文中的序不同，这里仅仅表示发起本经的因缘，交代佛说法前的背景。包括以下几层内容：

首先是对佛的容貌形象的钦佩及赞叹，表明佛说法前处在一个极佳的精神状态之中，常人是无法企及的，因而他的思维、语言都将是清晰明白的，再次证实该经的可靠、可信性。

其次介绍佛教中的一些请法之礼，展现佛弟子温文尔雅的形象。

第三在佛的答语中始终在向人们灌输着大乘佛教普度众生的思想，从对阿难的赞叹开始，"汝为哀悯利乐诸众生故"、"当来诸天人民、一切含灵皆因汝问而得度脱"，直到说到自己的出世，都是为了"光阐道教，欲拯群氓"。要将众生度出苦难，需要通过禅定和修行，于是引出禅定和智慧的概念，并作了赞叹。至此，以普度众生为目的，以定慧双修作宗教实践的大乘义理已体现出来。

法藏因地第四

【经文】

佛告阿难：过去无量不可思议无央数劫，有佛出世，名世间自在王如来、应供、等正觉、明行足、善逝、世间解、无上士、调御丈夫、天人师、佛、世尊①。在世教授四十二劫，时为诸天及世人民，说经讲道。

有大国主名世饶王，闻佛说法，欢喜开解，寻发无上真正道意，弃国捐王，行作沙门②，号曰法藏，修菩萨道；高才勇哲，与世超异，信解③明记，悉皆第一。又有殊胜行愿及念慧力；增上其心，坚固不动，修行④精进⑤，无能逾者。往诣佛所，顶礼长跪，向佛合掌，即以伽他⑥赞佛，发广大愿，颂曰：

如来微妙色端严，一切世间无有等；
光明无量照十方，日月火珠皆匿曜；
世尊能演一音声，有情各各随类解；
又能现一妙色身⑦，普使众生随类见。
愿我得佛清净声，法音普及无边界；
宣扬戒定精进门，通达甚深微妙法。
智慧广大深如海，内心清净绝尘劳；
超过无边恶趣门，速到菩提究竟岸。
无明贪瞋⑧皆永无，惑尽过亡三昧力；

亦如过去无量佛,为彼群生大导师。
能救一切诸世间,生老病死众苦恼[9];
常行布施及戒忍,精进定慧六波罗。
未度有情令得度,已度之者使成佛;
假令供养恒沙圣[10],不如坚勇求正觉。
愿当安住三摩地,恒放光明照一切;
感得广大清净居,殊胜庄严无等伦。
轮回[11]诸趣众生类,速生我刹受安乐;
常运慈心拔有情,度尽无边苦众生。
我行决定坚固力,唯佛圣智能证知;
纵使身止诸苦中,如是愿心永不退。

【注释】

① 如来、应供、等正觉、明行足、善逝、世间解、无上士、调御丈夫、天人师、佛、世尊:释迦牟尼佛的十大名号,见前文注。

② 沙门:梵文Śramana,音译为"沙门那",亦译为"娑门"、"桑门"等,意为息心、修道等。原是对古印度婆罗门教以外的出家者的通称,佛教盛行后,专指佛教僧侣。《俱舍论》卷十五载有四种沙门:(1)胜道沙门,意为行道殊胜,指佛与独觉等;(2)示道沙门,意为善说佛法者,如舍利弗等;(3)命道沙门,意为修诸善业,依戒、定、慧为命者,如阿难等;(4)污道沙门,意为坏道沙门,指违背佛道者。其他经论对此尚存有不同看法。

③ 信解:相信、理解。包含着对佛法的信乐和了解两层意思。佛教将皈依、相信佛法至最后证得佛果视为一个时期,其中又分了四个阶段,"信解"为前两个阶段。后两个阶段分别为行和证,即依佛法修行,证得佛果。

④ 修行：指佛教徒依靠佛教教义修习身心。内容原包括戒、定、慧三个方面，后扩大到三十七品。

戒是调整身心，使之养成好的习惯，防止行为、语言、思想三方面的过失。由于大小乘的不同，其戒律也有所不同；出家僧侣与在家居士的戒律也不同。小乘有五戒、八戒、二百五十戒等；大乘有三聚净戒、十重四十八轻戒等。

定是指禅定，即摈除杂念、专心致志、精神安静统一地观悟四谛真理。

慧亦即智慧，指摈除了一切欲望和烦恼而获得的智慧解脱。

大乘佛教将修行的内容作了概括，称为六度（或六波罗蜜），包括布施、持戒、忍、精进、定和智慧六个方面。

⑤ 精进：梵文 Vīrya 的意译，音译"毗梨耶"，亦译"勤"。小乘有部七十五法、大乘百法之一。大乘将其列入六度之中，名"精进波罗蜜"。指按佛教教义，在修善断恶、去染转净的修行过程中，努力不懈，一往无前。

⑥ 伽他：梵文 Gāthā 的音译，亦译"伽陀"、"偈陀"等，意译为"偈"、"颂"、"讽颂"、"孤起颂"。古印度的一种文学体裁，佛经中常用，类似诗，一般以固定字数的四句组成，读起来琅琅上口，且便于记念。中国佛教偈颂中除用四句外，还有八句、十二句、十六句、二十句等。

⑦ 色身：指众生能看得见的佛的身体。

⑧ 无明贪瞋：即佛教所说的"三毒"。无明，即"痴"，或"愚痴"、"愚惑"，特指不懂得佛教四谛学说及缘起法道理的世俗认识；贪，指对于自身以及众生所赖以生存的物质环境，产生爱乐执着；瞋，指仇恨和损害他人的心理。这三者被认为是最能毒害众生，并产生其他诸种烦恼的根本，故又称"三不善根"，列为"根本烦恼"之首。

⑨ 生老病死众苦恼：指佛教四谛说中的苦谛而言。苦谛具体

指生老病死四苦,以及怨憎会、爱别离、求不得和五取蕴苦四苦,合成为八苦,即通常所说的四苦八苦。这些苦还包括了苦苦、坏苦、行苦。

⑩ 恒沙圣:指像恒河的沙一样多的圣者。

⑪ 轮回:梵文作 Samsāra,又作"流转"、"轮转"、"轮回转生"、"生死轮回"等。音译为"僧娑洛"。轮,即车轮;回,指车轮转动。轮回本是古印度婆罗门教、耆那教的理论,佛教沿袭并加以发展,用来比喻众生在地狱、饿鬼、畜生、人、天、阿修罗这六道之中,犹如车轮转动般流转不停,永无终结。

【白话】

释迦牟尼佛对阿难说:"在很久很久以前,即在人们难以想象到的无数劫之前,有一位佛出世了,他的名字叫世间自在王如来,又被称作应供、等正觉、明行足、善逝、世间解、无上士、调御丈夫、天人师、佛、世尊,这些都是他所拥有的名号。他在世上教授佛法的时间有四十二劫之长,为诸天及世间众生讲说佛法。

"当时有一位大国的国王,名叫世饶王,听闻了世间自在王如来所说的佛法之后,困扰的身心突然摆脱了烦恼业障的束缚而得以自由自在,他非常高兴,于是便下定决心,寻求至高无上的真正佛智慧。他舍弃了王位和国家,出家成了一名沙门,法名叫法藏,他所修行的是六度、四摄、自觉觉他的菩萨道。

"法藏比丘才智过人,毅力坚强,善于思考,没有人能够比得上他。而且他对于佛法的相信和理解在所有的修行者中都堪称第一位,他能将这些义理铭记在心,念念不忘,而且像佛一样行道殊胜,具有破除邪见妄念,对所经验过的事物铭记不忘的'念力'和通达事理、决断疑念,消除思维困惑,取得决断性胜利的'慧力'。这使他的身心充盈，任何邪念妄见都不能困惑或动摇他。他的这种勤奋精进的修行精神，没有人能赶得上。

"法藏比丘取得了这样大的成果之后，便到世间自在王如来所居住的地方，恭敬地向佛施礼，并长跪于佛前，双手合十，用偈颂来称赞世间自在王如来佛，并立下宽广宏大的誓愿。他的偈颂这样赞道：

　　如来微妙色端严，一切世间无有等；
　　光明无量照十方，日月火珠皆匿曜。
　　世尊能演一音声，有情各各随类解；
　　又能现一妙色身，普使众生随类见。
　　愿我得佛清净声，法音普及无边界；
　　宣扬戒定精进门，通达甚深微妙法。
　　智慧广大深如海，内心清净绝尘劳；
　　超过无边恶趣门，速到菩提究竟岸。
　　无明贪瞋皆永无，惑尽过亡三昧力；
　　亦如过去无量佛，为彼群生大导师。
　　能救一切诸世间，生老病死众苦恼；
　　常行布施及戒忍，精进定慧六波罗。
　　未度有情令得度，已度之者使成佛；
　　假令供养恒沙圣，不如坚勇求正觉。
　　愿当安住三摩地，恒放光明照一切；
　　感得广大清净居，殊胜庄严无等伦。
　　轮回诸趣众生类，速生我刹受安乐；
　　常运慈心拔有情，度尽无边苦众生。
　　我行决定坚固力，唯佛圣智能证知；
　　纵使身止诸苦中，如是愿心永不退。

【说明】

从本节经文开始,本经进入了正宗分部分,正宗分是整部佛经的主干和核心。

本节经文佛以法藏比丘为例,循循演说佛法。首先介绍了法藏比丘的身世以及他的才华和德行;其次介绍了法藏比丘对世间自在王如来所作的赞偈,在此偈中首先以前八句来称赞佛的功德,"如来微妙色端严,一切世间无有等;光明无量照十方,日月火珠皆匿曜;世尊能演一音声,有情各各随类解;又能现一妙色身,普使众生随类见。"随后便以二十句之长来道出法藏比丘的宏大誓愿,希望自己修得佛一样的智慧去解度众生,并使他们成就佛果。这是后文法藏比丘四十八大誓愿的一个概括说明。"愿当安住三摩地,恒放光明照一切;感得广大清净居,殊胜庄严无等伦。轮回诸趣众生类,速生我刹受安乐;常运慈心拔有情,度尽无边苦众生。"这八句是对前面愿文的总结。最后的四句点明法藏比丘的行动。法藏比丘具有了对佛的虔信,具有了宏大的誓愿以及百折不挠的行动决心,这点正是本经所要阐述,作为各人成就佛果所必备的条件。

至心精进第五

【经文】

法藏比丘说此偈已,而白佛言:我今为菩萨道,已发无上正觉之心①,取愿作佛,悉令如佛。愿佛为我广宣经法,我当奉持②,如法修行。拔诸勤苦生死根本,速成无上正等正觉。欲令我作佛时,智慧光明。所居国土,教授名字,皆闻十方。诸天人民及蜎蠕类,来生我国,悉作菩萨。我立是愿,都胜无数诸佛国者,宁可得否?

世间自在王佛即为法藏而说经言:譬如大海一人斗量,经历劫数,尚可穷底。人有至心求道,精进不止,会当克果,何愿不得?汝自思维,修何方便,而能成就佛刹庄严。如所修行,汝自当知。清净佛国,汝应自摄。

法藏白言:斯义宏深,非我境界。惟愿如来应正遍知③,广演诸佛无量妙刹。若我得闻如是等法,思维修习,誓满所愿。

世间自在王佛知其高明,志愿深广,即为宣说二百一十亿诸佛刹土。功德严净、广大圆满之相,应其心愿,悉现与之。说是法时,经千亿岁。尔时法藏闻佛所说,皆悉睹见,起发无上殊胜之愿。于彼天人④善恶⑤,国土粗妙,思维究竟,便一其心,选择所欲,结得大愿,精勤求索,恭慎保持。修习功德满足五劫,于彼二十一俱胝⑥佛土,功德庄严之事，明了通达，如一佛刹。所摄佛国，超过于彼。

既摄受⑦已，复诣世自在王如来所，稽首礼足，绕佛三匝⑧，合掌而住。白言：世尊！我已成就庄严佛土清净之行。

佛言：善哉！今正是时，汝应具说，令众欢喜。亦令大众闻是法已，得大善利，能于佛刹修习摄受，满足无量大愿。

【注释】

① 发无上正觉之心：指大乘所谓发心学习"菩萨行"、誓愿修行大乘法、立志成就佛果位三层意思。所要成就的觉悟正觉，即无上正等正觉，被认为能觉知佛教一切"真理"，并能"如实"了知一切事物，从而达到无所不知的一种智慧。亦称"阿耨多罗三藐三菩提"，或"无上正遍知"、"无上正遍觉"。据称惟有佛一人成就了此种智慧。"发心"是佛教中常用的词，意即发愿、发誓、立志。一般指发起解脱苦难、往生净土或求无上觉悟、证悟佛果位的愿望。

② 奉持：遵奉持守、信奉受持、奉行修持。指对佛教经义加以领受，依照经义而行为。

③ 正遍知：即"无上正遍知"，见前注。

④ 天人：亦称"天众"，"天部"，佛教指世间（迷界）中最高最优越的众生（即有情）。

⑤ 善恶：佛教将符合其教理的称为"善"，反之则称为"恶"；一切与"善"心相应的思想行为为"善"，反之则为"恶"。

⑥ 俱胝：梵语，汉译为"亿"。

⑦ 摄受：指以佛的慈悲心收取和护持众生。

⑧绕佛三匝：佛教中一种重要的拜佛礼节。围绕佛右绕（即顺时针方向转）三圈。也有绕一周或百千圈的，表示对佛的尊敬及爱慕、崇拜。原是古代印度的一种礼节。佛去世后，信徒们便对存放佛舍利的塔进行围绕礼拜，随着佛教造像的出现，便又开始对佛像进行环绕礼拜。

【白话】

"法藏比丘颂完这段长偈之后，就对世间自在王如来说：'我现在依照六度、四摄的方法，修持了自觉觉他的菩萨道，并发愿一心学习菩萨行，行大乘法，成就无上正等正觉的佛果智慧，并愿意为了实现我的意愿，苦心勤修，一心向佛，直到达到目的，成就佛位为止。希望世间自在王如来能够向我广泛深入详尽地宣讲佛法，我会竭尽全心地领受经中的意义并依经中所说而修行，尽快消除各种生、死、欲、惑之本，成就无上正等正觉的佛智慧。假如有一天我真的成了佛，那我也一定会是一位智慧光明的佛。不仅我所居住的佛国净土会扬名十方，而且我的名字也将随着那些跟随我修习的众人的传诵而闻名十方。天底下所有的人，甚至连那些飞蝇、爬虫之类，都会争先恐后地来到我的佛国净土，全都成为菩萨。我在此立下这个誓愿，立志要使我的佛国胜过无数其他的佛国。不知这个誓愿能不能够实现呢？'

"世间自在王如来听完法藏比丘的话以后，便为他讲述佛法：'比如说，浩瀚的大海，宽广无比，一个人如果用斗去量海水，只要坚持不懈，持之以恒，经过无数个劫数之后，一定能够将海水量完。一个人只要诚心诚意，立志成就佛位，只要他按照佛教教义，勤奋不懈地努力修行，一定能够修善断恶，去染转净，得到佛果。海水既然能够斗量，那么佛果也能够悟得，还有什么誓愿不能获得的呢？你自己认真仔细地思考一下，应该修持哪一种神通,哪一种方便法门,才能够使你实现誓愿,实现你清静的佛果净土,并使它因你而更加庄严。你如果一旦选择了这一修行方式,那么你首先应该明白这种修行方式与你以前所做的修行是一样的,这样,你也就知道该如何去实践了。清静佛国的获得也是要通过你自身的修行,自身的努力和判断而摄取到的。'

"法藏比丘听完了世间自在王如来的话后,便说:'您所宣讲的佛法义理博大精深,至高无上,不是我曾经达到的境界,使我难以领会。希望您以您所拥有的能觉知一切真理,并能如实了知一切事物的无上正遍知智慧,向我再多宣讲一些其他诸佛无穷无尽、庄严美妙的佛国净土的修持方法。我如果能够亲闻您宣说这些佛法,然后诚心诚意认真地思索,并按此佛法努力修行,那么我所立下的誓愿就一定能够圆满实现的。'

"世间自在王如来知道法藏比丘品德高尚,心智高远,誓愿宏大,于是便向他宣讲了二百一十亿个清净、庄严、圆满的诸佛的佛国净土。由于世间自在王如来功德圆满,具有神通广大的能力,因而他能够满足法藏比丘的心愿,将这二百一十亿个佛国净土一一地显现在他面前。

"世间自在王如来为法藏比丘示现这些佛国净土、宣讲佛法的时间,距今已有千亿年了。那时,法藏比丘听闻了佛所说之法,并看见了世间自在王如来通过神通向他示现的诸佛国净土之后,便在佛前发下了庄严宏大的誓愿,立志要将天地众生的善恶行为以及由各人的这些行为所得到的果报,成就的不同的佛国净土认真仔细深入地思考,探求它的原因,然后依据自己的心愿,选择最正确的途径,完成自己的誓愿。于是,他便专心致志地探索,始终勤奋精进,精益求精,诚恳慎重,持之以恒地努力修行成就佛国净土所需要的功德。终于,经过了足足五个时劫的修行,使他对于世间自在王如来向他示现的那二百一十亿个佛国净土的功德庄严之奥妙真理了如指掌,就如同了解一个佛国净土一样。在此认识之上，他结成了心愿。其愿中的佛国净土，美妙精伦更远远地超过了那二百一十亿个诸佛净土。

"法藏比丘在摄取了这样的佛国净土心愿之后，便又来回到世间自在王如来的住所，稽首行礼，匍匐在佛足前，随即站起来绕佛三圈，双手合十，恭敬地对佛说：'世尊，我已经完成了庄严佛国净土的修行。'世间自在王如来答道：'好啊！你今日来到我这里真是太好了，现在正是你的机缘成熟的大好时机，你应该把你的修行所得到的佛国净土详细地讲说给大家听，让众人为你高兴，使他们听完你的宣说之后也喜爱它，然后努力修行，积累功德，从烦恼苦闷的五浊恶世中解脱出来，像你一样得到善果，能在你所成就的佛国净土中修行法度，享受到佛的慈悲心的护持，满足他们许下的无数愿望。'"

【说明】

本节经文围绕法藏比丘发心修菩萨行，立志成就佛果位而展开。

首先向众人说明法藏比丘此时仍处在菩萨的地位，但却已发了无上正等正觉之心，即发了成佛如佛的决心。不仅如此，还发心希望使一切众生都成为菩萨。

其次，法藏比丘对于自己的佛国净土开始时只有朦胧的认识，仅仅是想使"所居国土，教授名字，皆闻十方"，但通过佛的教化，并向他示现出二百一十亿个诸佛国土之后，他便受到启发，对于自己要建立的佛国净土有了完整的设计、构想，这一设计、构想过程完全是在修行之中完成的。

对于佛向法藏比丘所示现的二百一十亿诸佛国土，在各译本中有不同的说法，后汉支娄迦谶及吴支谦两译本及清代魏源译本中都与本书所用的合译本同，皆作二百一十亿；而唐代菩提流支译本中则为二十一亿，宋代法贤译本中作八十四百千俱胝那由他，藏译本中为八十一百千千万亿，梵文本中为八十一百千俱胝那由他佛刹。这些数目确切地来说都不是确定之数，只是用来说明佛国之多，无边无量。

关于本节经文中所说法藏比丘"修习功德，满足五劫"的说法，有人认为是发愿之后，用了五劫的时间来修行，有人认为这仍是发愿的时间，而有人则认为既有发愿，也有修行。本书中采用了第一种说法。

发大誓愿第六

【经文】

法藏白言：唯愿世尊大慈①听察。

我若证得无上菩提，成正觉已。所居佛刹，具足无量不可思议功德庄严。无有地狱、饿鬼、禽兽、蜎飞蠕动之类。所有一切众生，以及焰摩罗界②，三恶道中，来生我刹，受我法化，悉成阿耨多罗三藐三菩提。不复更堕恶趣。得是愿，乃作佛；不得是愿，不取无上正觉。

我作佛时，十方世界所有众生，令生我刹，皆具紫磨真金色身；三十二种大丈夫相；端正净洁，悉同一类。若形貌差别，有好丑者，不取正觉。

我作佛时，所有众生生我国者，自知无量劫时宿命。所作善恶，皆能洞视、彻听，知十方去来现在之事。不得是愿，不取正觉。

我作佛时，所有众生生我国者，皆得他心智通③。若不悉知亿那由他④百千佛刹众生心念者，不取正觉。

我作佛时，所有众生生我国者，皆得神通自在⑤波罗蜜多⑥。于一念顷，不能超过亿那由他百千佛刹，周遍巡历供养诸佛者，不取正觉。

我作佛时，所有众生生我国者，远离分别⑦，诸根⑧寂静⑨。若不决定成等正觉，证大涅槃⑩者，不取正觉。

我作佛时，光明无量，普照十方，绝胜诸佛，胜于日月之明千万亿倍。若有众生见我光明，照触其身，莫不安乐，慈心作善，来生我国。若不尔者，不取正觉。

我作佛时，寿命无量，国中声闻天人无数，寿命亦皆无量。假令三千大千世界⑪众生，悉成缘觉，于百千劫悉共计校，若能知其量数者，不取正觉。

我作佛时，十方世界无量刹中无数诸佛，若不共称叹我名，说我功德国土之善者，不取正觉。

我作佛时，十方众生闻我名号，至心信乐。所有善根，心心回向，愿生我国。乃至十念⑫，若不生者，不取正觉。唯除五逆，诽谤正法。

我作佛时，十方众生闻我名号，发菩提心，修诸功德，奉行六波罗蜜，坚固不退。复以善根回向，愿生我国。一心念我，昼夜不断。临寿终时，我与诸菩萨众迎现其前，经须臾间，即生我刹，作阿惟越致菩萨⑬。不得是愿，不取正觉。

我作佛时，十方众生闻我名号，系念我国，发菩提心，坚固不退。植众德本，至心回向，欲生极乐，无不遂者。若有宿恶，闻我名字，即自悔过，为道作善，便持经戒，愿生我刹，命终不复更三恶道，即生我国。若不尔者，不取正觉。

我作佛时，国无妇女。若有女人，闻我名字，得清净信，发菩提心，厌患女身，愿生我国，命终即化男子，来我刹土。十方世界诸众生类，生我国者，皆于七宝池⑭莲华中化生。若不尔者，不取正觉。

我作佛时，十方众生闻我名字，欢喜信乐，礼拜归命。以清净心，修菩萨行。诸天世人，莫不致敬。若闻我名，寿终之后，生尊贵家，诸根无缺，常修殊胜梵行⑮。若不尔者，不取正觉。

我作佛时，国中无不善名。所有众生，生我国者，皆同一心，住于定聚，永离热恼，心得清凉。所受快乐，犹如漏尽⑯比丘。若起想⑰念，贪计身者，不取正觉。

我作佛时，生我国者，善根无量，皆得金刚⑱那罗延⑲身，坚固之力。身顶皆有光明照耀，成就一切智慧，获得无边辨才，善谈诸法秘要，说经行道，语如钟声。若不尔者，不取正觉。

我作佛时，所有众生，生我国者，究竟必至一生补处⑳。除其本愿为众生故，被弘誓铠，教化一切有情，皆发信心，修菩提行，行普贤道。虽生他方世界，永离恶趣。或乐说法，或乐听法，或现神足，随意修习，无不圆满。若不尔者，不取正觉。

我作佛时，生我国者，所须饮食、衣服、种种供具㉑，随意即至，无不满意。十方诸佛，应念受其供养。若不尔者，不取正觉。

我作佛时，国中万物，严净光丽，形色殊特，穷微极妙，无能称量。其诸众生，虽具天眼，有能辨其形色、光相、名数及总宣说者，不取正觉。

我作佛时，国中无量色树，高或百千由旬㉒。道场㉓树高四百万里。诸菩萨中，虽有善根劣者，亦能了知。欲见诸佛净国庄严，悉于宝树间见，犹如明镜睹其面像。若不尔者，不取正觉。

我作佛时，所居佛刹，广博严净，光莹如镜，彻照十方无量无数、不可思议诸佛世界。众生睹者，生希有心。若不尔者，不取正觉。

我作佛时，下从地际，上至虚空，宫殿楼观，池流华树，国土所有一切万物，皆以无量宝香合成。其香普熏十方世界，众生闻者，皆修佛行。若不尔者，不取正觉。

我作佛时，十方佛刹，诸菩萨众，闻我名已，皆悉逮得清净、解脱、普等三昧，诸深总持，住三摩地，至于成佛。定中常供，无量无边一切诸佛，不失定意。若不尔者，不取正觉。

我作佛时，他方世界诸菩萨众，闻我名者，证离生法，获陀罗尼。清净欢喜，得平等住。修菩萨行，具足德本。应时不获一二三忍㉔，于诸佛法，不能现证不退转者，不取正觉。

【注释】

① 大慈：佛教认为爱一切众生为大慈，拯救一切受苦受难的众生为大悲。二者合用以大慈大悲来指佛、菩萨对众生所施行的广大无边的慈善心和怜悯心。

② 焰摩罗界：指焰摩罗王所辖的世界，即阎王爷的境界。焰摩罗王也称为"焰摩"、"阎魔"、"阎罗王"、"阎罗"、"阎王"等，是佛教所说的二十天之一。为主管地狱之王，手下有十八判官，分管十八层地狱，追取五趣中的罪人拷问治罪，从不休息。据《翻译名义集》卷二载，阎魔主男犯，其妹主女犯。

③他心智通：六神通之一，指修持禅定之后所具有的一种灵力，能知道六道众生心中所想之事。也作"他心智证通"、"知他心通"。参见前文"神通"注。

④那由他：数量词，梵文 Nayuta 的音译，亦译"那庚多"、"那由多"、"那述"等等。意思与中国所说的"亿"大概相当，古时的"亿"又分为十万、百万、千万三等。所以佛经上的"那由他"译为汉文后，所表示的数目也就不等，但通常只表示数目很大的意思。

⑤神通自在：即六神通之一的"神足通"，也作"如意通"、"神境智证通"、"神境通"、"身如意通"、"身通"等，指身体能自在飞行，随心所欲，分身变化，出入三界。

⑥波罗蜜多：梵文 Paramita 的音译，亦作"波罗蜜"，意译"度彼岸"、"度无极"、"度"、"到彼岸"等。波罗即指彼岸，蜜多意即到，指从生死迷界的此岸到达涅槃解脱的彼岸。本经中提倡的修行内容即是大乘佛教所说的"六度"或"六波罗蜜"，是到达涅槃彼岸的六种修行方法或途径，它包括布施、持戒、忍辱（羼提）、精进（毗梨耶）、禅定（禅那）、智慧（般若）。《大品般若经》卷一说："菩萨摩诃萨以不住法住般若波罗蜜中；以无所舍法应具足檀那波罗蜜，施者受者及财物不可得故；罪不罪不可得故，应具足尸罗波罗蜜；身心精进不懈怠故，应具足禅那波罗蜜；于一切法不著故，应具足般若波罗蜜。"法相宗将六波罗蜜的"智慧"扩展为"方便善巧"、"愿"、"力"、"智"四波罗蜜，合称为"十波罗蜜"，作为菩萨之"胜行"，以配合菩萨十地，说明修行的次第。

⑦分别：亦称"分别之惑"，指以虚妄思量识别世间诸事及其义理，而妄置于"无分别法"之上。

⑧诸根：指身体的各个感觉器官，即眼、耳、鼻、舌、身、意。

⑨寂静：佛教指摆脱了一切烦恼忧患的纯净无污染的心境。

⑩涅槃：梵文 Nirvāna 的音译，亦译"泥曰"、"泥洹"、"涅槃那"等，意译为"灭"、"灭度"、"寂灭"、"安乐"、"无为"、"不生"、"解脱"、"圆寂"等，又可称为"般涅槃"、"般泥洹"。在佛教产生以前，其意指火的熄灭或风的吹散状态。佛教用它来指修习所要达到的最高境界。

涅槃的含义有很多，原始佛教经典将其定义为："所有的贪欲灭尽、瞋恚灭尽、愚痴灭尽，此即涅槃。"大小乘的解释亦各不同。据《肇论》载，小乘以"灰身灭智，捐形绝虑"为涅槃。将人生本身看做是一个大苦难，为了消除这个苦难，必须彻底消灭人体，这样，苦难没有了依附的对象，它也就不复存在了。因此人死后应该焚骨扬灰，不留任何痕迹成为小乘佛教的追求目标。而大乘则以实相为涅槃。《中论》说："诸法实相即是涅槃。"所谓实相是指一切事物的真实本性或相状。由于大乘主张"人法皆空"的理论，认为世间一切现象皆是空，以空为实相，所以涅槃的本性也就是空，由此可以说世间事物的实相就是涅槃的内容，世间与涅槃完全是相同的。大乘佛教的一些派别强调涅槃境界具有常、乐、我、净四种美好的属性，而小乘则对此否定。

涅槃的分类有许多，一般分为有余和无余涅槃两种。前者是指虽然断除了一切烦恼，并且已经超脱了生死，但过去业的果报（即肉体）仍作为余依依然残存下来，因此，还不能说是完全涅槃，只能是有余涅槃或有余依涅槃。另一方面，断除了一切烦恼，也断除了余依的肉体，身心果报都不存在了，即可称为无余涅槃或无余依涅槃，如佛的入灭。大乘还分性净涅槃和方便净涅槃两种。法相宗综合大小乘涅槃学说而提倡四种涅槃，即自性清静涅槃、有余依涅槃、无余依涅槃和无住处涅槃。

⑪三千大千世界：简称"大千世界"。据宋代道诚所著《释氏要览·界趣》载，以须弥山为中心，以铁围山为外廓，在同一日月

照耀下的一个空间,称为一个小世界。其间有四大部洲,洲与洲之间山海回环。一千个小世界为一个小千世界,一千个小千世界为一个中千世界,一千个中千世界为一个大千世界,总称为三千大千世界。据说一个大千世界包括十亿个世界,全都为一位佛所统辖。

⑫十念:《弥勒发问经》载为:"一者,于一切众生常生慈心。于一切众生不毁其行。若毁其形,终不往生。二者,于一切众生,深起悲心,除残害意。三者,发护法心,不惜生命。于一切法,不生诽谤。四者,于忍辱中生决定心。五者,深心清净,不染利养。六者,发一切种智心,日日常念,无有废忘。七者,于一切众生,起尊敬心,除我慢意,谦下言说。八者,于世谈话,不生味著。九者,近于觉意,深起种种善根因缘,远离愦闹散乱之心。十者,正念观佛,除去诸根。"凡具有十念者,即可往生佛国净土。以外,修行念佛的法门有五念、十念之所,五念是恒常的行仪,十念是简要的行仪。本经此处提出的十念之说,各家解说不同。昙鸾《往生论注》中认为是忆念阿弥陀佛的总相、别相,心无他想为一念,如此持续十念,名为十念。这点与元晓《无量寿经宗要》中所说相同。而善导《往生礼赞偈》《般舟三昧行道赞》《观经四帖疏》中都认为是称念十声"阿弥陀佛"名为十念,怀感在其《释净土群疑论》卷三中也持同样的观点。当然在以后的佛教徒中仍以后者为多。这也使得净土思想更趋于世俗化了。

⑬阿惟越致:亦译"阿鞞跋致"、"不退转",意指在修行成佛的道路上不退转,是菩萨的一种阶位。

⑭七宝池:本经中指由七宝组成的莲花池。七宝,有两个内容,其一指七种珍宝。各经中说法不一,如《法华经·受记品》以金、银、琉璃、砗磲、玛瑙、珍珠、玫瑰为七宝;《恒水经》以白银、黄金、珊瑚、白珠、砗磲、明月珠、摩尼珠为七宝;《大阿弥陀经》以黄金、白银、水晶、琉璃、珊瑚、琥珀、砗磲为七宝;

而本经则以金、银、琉璃、珊瑚、琥珀、砗磲、玛瑙为七宝。其二指七种王者之宝。《轮王七宝经》中载为："轮宝、象宝、马宝、主藏臣宝、主兵臣宝、摩尼宝、女宝。如是七宝随王出现。"

⑮ 梵行：清净之行，亦特指断淫之行。

⑯ 漏尽：意即断尽烦恼。漏即烦恼。

⑰ 想：佛教将个人身心与身心环境的一切物质精神分成五类，称为五蕴，此其一。指反映色、声、香、味、触、法等构成的一切观念和表象，也就是浮现心中的相。想有苦想、乐想、无常想、大想、小想、不净想、厌恶想等。

⑱ 金刚：梵文 Vajra 的意译，音译"日罗"、"伐折罗"。意谓金中最刚，比喻佛法坚固能摧毁一切。亦指"力士"，或手持金刚杵（杵为古印度兵器）的护法天神。中国寺院中的四大天王像，俗称"四大金刚"。

⑲ 那罗延：佛教护法神名。梵文 Nārāyāna 的音译。亦译"那罗延天"、"那罗延金刚"、"仁王"。为帝释天之眷属。传说力大无穷。在密宗中作为十九执金刚之一，与密迹金刚齐名。

⑳ 一生补处：又称"补处"，即等觉菩萨。此类菩萨再隔一生就能成佛。弥勒就是著名的补处菩萨，将继承释迦牟尼而成佛。

㉑ 供具：亦称"供物"，指供养佛、菩萨等所用的物品。佛教规定有六种，即花、涂香、净水、香、饭食、灯明，分别表示布施、持戒、忍辱、精进、禅定、智慧等"六度"。后来随着佛教的发展，所用供具多不限于此。

㉒ 由旬：梵文 Yojana 的音译，亦译"俞旬"、"揄旬"、"由延"、"逾阇"、"逾缮那"等。古印度计算距离的单位，行军一日为一由旬，约相当于三十至六十里。

㉓ 道场：梵文 Bodhimanda 的意译，音译"菩提蔓荼罗"。其含义甚多，如指佛成道之处；修行所居之阶位；供佛祭祀的地方；修行学道之处；或指某些法会等。这里指佛、菩萨讲经说法的

地方。

㉔ 一二三忍：忍是大乘佛教修习的主要内容之一，是对外界苦难无怨无恨的忍耐，以及对佛教真如毫无怀疑的信仰。本经在此对三忍的具体名称未作解说，因而佛教各家均有不同解释，如法位认为是《仁王经》所说五忍之前三忍，即伏忍、信忍和顺忍。憬兴认为是伏忍中的下中上三忍。善导认为一是喜忍，即念阿弥陀佛而生欢喜心者，二是悟忍，即念阿弥陀佛而悟解真理者，三是信忍，即念阿弥陀佛而住与正信者。根据本经在第十五章菩提道场中所说，往生极乐世界的人，听见七宝树林发出的音声而得三种之忍，即音响忍、柔顺忍和无生法忍来看，这里的愿望应与此结果相符，因而这里的一二三忍也应是指音响忍、柔顺忍和无生法忍。

【白话】

"法藏比丘于是便对世间自在王如来说：'世尊，愿您以无边的慈爱之心听我述说所立的誓愿。

'我如果证得了至高无上的佛智慧，正式成了佛，我希望我所居住的佛国净土具有许许多多不可想象、难以表述的功德，并以这些功德来使它更加庄严神圣。这里没有地狱、饿鬼、飞禽走兽，也没有飞蝇爬虫之类，所有一切众生，以及焰摩罗王界，三恶趣道中的一切遭受苦难折磨的众生，凡来到我的佛国净土，接受我的说法教化，最终都能证得无上正等正觉。不会再次进入到地狱、饿鬼、畜生这些三道轮回之中受苦。如果我的这个愿望能够实现，那么我就能够成佛，如果我的这个愿望不能实现，那么我终不成佛。

'我作佛的时候，要让十方世界所有众生都来我的佛国净土中生活，使他们具有紫磨真金一样永不衰坏的身体；具有三十二种特殊显著的瑞祥体相特征；相貌端庄、洁净无染，他们之间没有任何差别。如果他们的形象、相貌达不到毫无差别的程度，有英俊美丽者，也有丑陋不堪者，那么我终不成佛。

'我作佛的时候，十方世界所有众生，凡往生我的佛国净土者，我都要让他们知道他们在将来无量劫时的命运；对他们自己的所作所为，或善或恶都能清楚地看见，毫无保留地听见；使他们了解知晓十方世界过去、现在、未来所有的事情。如果这个誓愿达不到的话，那么我终不成佛。

'我作佛的时候，十方世界所有众生，凡往生我佛国净土者，我都要使他们得到六神通之一的"他心通"，使他们能知六道众生心中所想的事。如果不能使他们知道千千万万亿个佛国净土中众生心中所想之事，那么我终不成佛。

'我作佛的时候，十方世界所有众生，凡往生我的佛国净土者，我都要使他们得到六神通之一的"神足通"，这样他们可以身如飞鸟，随心所想，随意遨游。如果不能使他们在一念之间，遍游千千万万亿个佛国净土，供养佛国净土中之诸佛，那么我终不成佛。

'我作佛的时候，十方世界的所有众生，凡往生我的佛国净土者，我都要使他们远离自身狭隘思想的束缚，使他们六根清净，断除了一切烦恼和忧患，不起任何分别之心。如果他们之中还有执着于妄见不想成佛者，还有不想解脱烦恼，往生涅槃彼岸者，那么我终不成佛。

'我作佛时，要放射无量光明，照遍十方，胜过其他任何诸佛的光明，而且还要比太阳和月亮的光明更亮千万亿倍。如果众生见到我的光明，或者受到我的光明的照射，那么必定使他们发心积累功德，誓愿往生我的佛国净土。如果不是这样的话，那么我终不成佛。

'我作佛的时候，要有无限长久的寿命。往生我佛国的无数的声闻、天人也都要拥有与我一样无限长久的寿命。假如让三千大千世界众生，全都修成缘觉，还能够以千百劫的时间来计算他们人数的多少，计算他们寿命的长短的话，那么我终不成佛。

'我作佛时，如果十方世界的无数佛国净土中之诸佛不共同称赞我的名号，赞颂我的佛国净土所拥有的所有好处，那么我终不成佛。

'我作佛的时候，要使十方众生，凡闻听我名号者，都会以至诚之心信顺爱乐，所有的心、口、意三业之善，心心回向净土，愿意到我佛国中来。如果他们依十法起十念，还不能往生的话，那么我终不成佛。但是这里并不包括那些犯五逆之罪，诽谤佛法者。

'我作佛的时候，要使十方众生，凡闻听我名号者，便发菩提之心，积累功德，按照布施、持戒、忍辱、精进、禅定和智慧这六种从生死此岸到达涅槃彼岸的修炼方式修行。坚持不懈，永不退缩。然后以自己所修行的功德回向净土，愿往生我的佛国。这些专心致志诵念我的名号，昼夜都不停止者，到了他临终之时，我和其他诸多菩萨都会显现在他的面前，在一瞬之间，将他迎往我的佛国净土，当上阿惟越致不退转菩萨。如果这个誓愿不能实现的话，那么我终不成佛。

'我作佛的时候，十方众生凡闻听我名号，一心系念我的佛国，生发菩提之心，一心向善，坚不退缩，积累功德，并能将这些功德诚心诚意地散播在众生身上者，如果想往生西方极乐世界，没有不能遂愿的。如果众生原来宿世中造有恶业，听到我的名字，便能悔过自新，重修正道，依善行事，遵守佛法，奉持戒律，发愿往生我的净土，在他命终之后就不会再堕入地狱、饿鬼、畜生这三恶道的轮回之中，能够往生我的佛国净土。如果这个誓愿不能达到，那么我终不成佛。

'我作佛的时候，在我的国土中没有妇女。凡是女人，只要闻听我的名号，离恶行，无烦恼，生信心，生菩提之心，希望舍弃女身，往生我的佛国者，在她们临终之时就会立刻变成男身，往生我的净土。十方世界所有众生，凡往生我的净土者，都能在我的七宝池莲花中化生。如果这个誓愿不能达到，那么我终不成佛。

'我作佛的时候，十方众生凡闻我名号者，便会生出欢喜信乐之心，向我行礼敬拜，将他们的命运托付于我。以虔敬、无污染的清净之心，专修六度四摄、自觉觉他的菩萨行，诸天神和众世人，无不向他们致以敬意。在他们寿终之后，便能投生到尊贵之家，身体健康，不会受到任何伤害，又能够因为前世的因缘而时时勤修断淫无欲之清净殊胜之行。如果这个誓愿达不到的话，那么我终不成佛。

'我作佛的时候，在我的国土之中不会有不善这一概念。所有往生在我国土中的人，都是一条心，都得到不退转菩萨的正定之聚，永离身心燥热、胡思乱想之苦恼，享受清净无忧、不执不著之心境。他们享受到的快乐，就好像修行达到断尽一切烦恼的阿罗汉一样。如果他们之中还有人仍然能够生起想的念头，贪执计较，堕于烦恼的话，那么我终不成佛。

'我作佛的时候，往生我佛国的所有众生，都有无量善根，都能有强健的体魄，像天界中的护法天神一样。浑身上下皆有光明照耀，获得一世智慧，无边辩才，善于宣说诸多佛法的奥妙精深之理，在他们讲说佛法行道之时，声如洪钟。如果这个誓愿不能达到的话，那么我终不成佛。

'我作佛的时候，往生我佛国的所有众生，一定要使他们达到一生补处的候补佛位。除非他本人自愿以普度众生为自己的恢宏誓愿，并依自己的弘愿而行事，返回俗世间，教化一切众生，使他们萌发对佛法的信仰之心而修习菩萨行，像普贤菩萨所做的那样。这些返回世间教化众生的人，虽然身在他方世界，但我仍然要使他们永远不会在恶趣之道中轮回，使他们或是乐于说法、或是乐于听法、或具有神足等神通，随心所欲地修习，获得圆满成功。如果这个誓愿不能达到的话，我终不成佛。

'我作佛的时候，往生我佛国的所有众生，所需要的各种饮食、衣服以及其他种种供具，只要他们能想到的，立刻便会出现在他们面前，令他们满意。对十方诸佛的供养，在他们的一念之间就可达到。如果这个誓愿不能达到的话，我终不成佛。

'我作佛的时候，在我佛国中的所有器物都庄严清洁，光艳明丽，式样、色彩各不相同，奇特无比，它们的美妙之处难以表述，数量之多难以计数。虽然佛国之中，众生都具有无所不能见的天眼神通，但如果他们之中尚有能够说出我的佛土中器物的形状、色彩、光泽以及它们的名称或将它们作总的概括，加以论说者，我终不成佛。

'我作佛的时候，在我的佛国中会有无数大树，高达上百或上千由旬。在佛、菩萨讲经说法的道场之中，树高四百万里。在我佛国的诸多菩萨中，虽有一些悟性较差者，但仍能够领悟到我的善意。要想目睹其他诸佛的佛国净土，在这些宝树之间便可见到，就像人们用镜子观照自身的面貌一样。如果这个誓愿不能达到的话，那么我终不成佛。

'我作佛的时候，我所居住的佛国，广阔无垠，庄严清净，光洁晶莹，宛如一面明镜，将十方世界无穷无尽、不可言说的诸佛国净土照彻无余。众生看见我的极乐世界照彻十方之后，都会产生求取真理、觉悟正道之心。如果这个誓愿达不到的话，那么我终不成佛。

'我作佛的时候，在我的国土之中，从地上到天空，宫殿楼观，鳞次栉比，池塘流水，花草树木无不应有尽有，所有的这一切，都是用无数的宝香来合成的，它们的香气能够散发到十方世界之中，众生闻到这种奇特的香气，也都修行佛道。如果这个誓愿达不到的话，我终不成佛。

'我作佛的时候，十方佛国之中的诸位菩萨，听闻我的名号之后，都会立即证得自在无缚、解脱生死、诸佛皆现的念佛三昧，使心安住于不散乱的"三摩地"境界之中，直到成就佛位。在这种禅定状态之下，依然能够行供养之功德，在供养无边无数诸佛的同时，使禅定的意义不曾失掉。如果众位菩萨得不到这种功夫，那么我终不成佛。

　　'我作佛的时候，在我的极乐世界之外的其他世界之中的诸位菩萨，听闻我的名号之后，便能证得脱离生死之大法，获得陀罗尼明咒神通，清清净净，欢欢喜喜，进入无差别的境界。潜修菩萨行，具足一切佛果所需之功德。如果这些菩萨没有获得音响忍（即听音响而悟道）、柔顺忍（即慧心柔软而悟道）和无生法忍（即离相而悟道）等三忍而悟道；在修行佛法的道路上，不能使这些菩萨们实现不退转而成正觉的功夫，那么我终不成佛。"

【说明】

　　此节经文详细讲述了法藏比丘的四十八个宏大誓愿。对于这四十八个誓愿，各译本中有不同的说法。在汉译和吴译本中皆为二十四愿，只有唐译和魏译本中是四十八愿，宋译本中是三十六愿。《后出阿弥陀偈经》特别指出"誓二十四章"。可见古籍之中，提出二十四愿的占了绝大多数。在夏莲居的这本会译本中则巧妙地将四十八愿分作二十四段来写，这样就将二十四和四十八做了一个完善的结合。下面我们将这四十八愿作以详细说明。

　　第一段包含了两大誓愿，即第一国无恶道愿和第二不堕恶趣愿。第二段包含了三大誓愿即第三身悉金色愿，第四三十二相愿，第五身无差别愿。第三段包含了三大誓愿，即第六宿命通愿，第七天眼通愿，第八天耳通愿。第四段包含第九他心通愿。第五段包含了两大誓愿，即第十神足通愿和第十一遍供诸佛愿。第六段包含第十二定成正觉愿。第七段包含两大誓愿，即第十三光明无量愿，第十四触光安乐愿。第八段包含了两大誓愿，即第十五寿命无量愿，第十六声闻无数愿。第九段包含第十七诸佛称叹愿。第十段包含第十八十念必生愿。第十一段包含了两大誓愿，即第十九闻名发心愿，第二十临终接引愿。第十二段包含第二十一悔过得生愿。第十三段包含了三大誓愿，即第二十二国无女人愿，第二十三厌女转男愿，第二十四莲花化生愿。第十四段包含了三大誓愿，即第二十五天人礼敬愿，第二十六闻名得福愿，第二十七修殊胜行愿。第十五段包含了四大誓愿，即第二十八国无不善愿，第二十九住正定聚愿，第三十乐如漏尽愿，第三十一不贪计身愿。第十六段包含了三大誓愿，即第三十二那罗延身愿，第三十三光明慧辩愿，第三十四善谈法要愿。第十七段包含了两大誓愿，即第三十五一生补处愿和第三十六教化随意愿。第十八段包含了两大誓愿，即第三十七衣食自至愿，第三十八应念受供愿。第十九段包含第三十九庄严无尽愿。第二十段包含两大誓愿，即第四十无量色树愿，第四十一树现佛刹愿。第二十一段包含第四十二彻照十方愿。第二十二段包含第四十三宝香普熏愿。第二十三段包含两大誓愿，即第四十四普等三昧愿，第四十五定中供佛愿。第二十四段包含了三大誓愿，即第四十六获陀罗尼愿，第四十七闻名得忍愿，第四十八现证不退愿。

　　以上这四十八愿实际上包含了三个内容：其一是摄法身愿，即法藏比丘发誓如果自己能成佛，一定要庄严佛身，如希望光明无量、寿命无限等。其二是摄净土愿，指法藏比丘所要建立的是怎样的一个美妙净土，如在这个净土之中，一切万物严净光明，形色美妙各异，宫殿楼观、池水花木都用宝香合制而成等。其三是摄众生愿，是法藏比丘在誓愿中为众生所作的许诺，如只要听闻他的名号，念他的名字，其人就会被他接引往生极乐世界，或得到一生补处的候补佛位，哪怕曾犯有罪过也无妨碍。

《无量寿经》在中国佛教史上的影响之所以很大，我们从这节经文中不难看出其原因，大乘佛教提倡的经过自己的修行以达到自觉觉他目的的观点，在这里也完全被体现出来了。法藏比丘正是因为自己勤奋修行才能获得自己的佛果，这是他的功德所至的结果，而众生也正因为他的这种功德获得利益，得到解脱。这点与主张自身修行、自身解脱的小乘佛教是截然不同的。

必成正觉第七

【经文】
佛告阿难:尔时法藏比丘说此愿已,以偈颂曰:
我建超世志,必至无上道,
斯愿不满足,誓不成等觉。
复为大施主,普济诸穷苦,
令彼诸群生,长夜无忧恼。
生出众善根,成就菩提果,
我若成正觉,立名无量寿。
众生闻此号,俱来我刹中,
如佛金色身,妙相悉圆满。
亦以大悲心,利益诸群品,
离欲深正念,净慧修梵行。
愿我智慧光[①],普照十方刹,
消除三垢冥[②],明济众厄难。
悉舍三途苦,灭诸烦恼暗,
开彼智慧眼,获得光明身。
闭塞诸恶道,通达善趣门,
为众开法藏,广施功德宝。
如佛无碍智,所行慈悯行,
常作天人师,得为三界雄。

说法师子吼[3]，广度诸有情，
圆满昔所愿，一切皆成佛。
斯愿若克果，大千应感动，
虚空诸天神，当雨珍妙华。

佛告阿难：法藏比丘说此颂已，应时普地六种震动[4]，天雨妙华，以散其上。自然音乐空中赞言，决定必成无上正觉。

【注释】

① 智慧光：阿弥陀佛所具有的十二光之一。

② 三垢：即"三毒"，指贪、瞋、痴三种烦恼。

③ 师子吼：即狮子吼。比喻佛、菩萨说法时声音洪亮，具有震慑一切外道邪说的神威。

④ 六种震动：包括东南西北中边六方的震动，这种震动并不是常说的地震，它不会产生灾难，人们没有恐惧、慌乱，而是一种瑞相，是祥和的，正如《大品般若经》所说，它能使"地皆柔软，令众生和悦"。这种震动有六种表现形式，即动、起、涌、震、吼、觉。动是摇动，起是上升，涌是涌动，震是发出微细的声音，吼是发出巨大的声音，觉是使众人都有感觉。这种东南西北中边六方的震动以及六方震动的表现形式，在佛教中分别被称作动六方及动六相。此外还有动六时之说，即如《长阿含经》二中所载，包括了佛入胎时、出胎时、成道时、转法轮时、由天魔相请将舍性命时、涅槃时。

【白话】

释迦牟尼佛对阿难说："那时，法藏比丘讲完了他的誓愿之后，就作了一段偈颂，将他的誓愿做了一个总结：

  我建超世志，必至无上道，
  斯愿不满足，誓不成等觉。
  复为大施主，普济诸穷苦，
  令彼诸群生，长夜无忧恼。
  生出众善根，成就菩提果，
  我若成正觉，立名无量寿。
  众生闻此号，俱来我刹中，
  如佛金色身，妙相悉圆满。
  亦以大悲心，利益诸群品，
  离欲深正念，净慧修梵行。
  愿我智慧光，普照十方刹，
  消除三垢冥，明济众厄难。
  悉舍三途苦，灭诸烦恼暗，
  开彼智慧眼，获得光明身。
  闭塞诸恶道，通达善趣门，
  为众开法藏，广施功德宝。
  如佛无碍智，所行慈愍行，
  常作天人师，得为三界雄。
  说法师子吼，广度诸有情，
  圆满昔所愿，一切皆成佛。
  斯愿若克果，大千应感动，
  虚空诸天神，当雨珍妙华。

"法藏比丘颂完这首偈之后，随着这首偈颂之意出现了种种瑞相，大地开始震动起来，出现了动、起、涌、震、吼、觉六种现象，天空中纷纷扬扬地降下了无数美妙的花瓣，散落在地上，随之，空中响起了悠扬的音乐，仿佛在赞叹、宣说法藏比丘必定成佛。"

【说明】

本节经文承上一节的"发大誓愿"这一因,"必成正觉"即是果,再次将法藏比丘的誓愿做以总结,并点出其誓愿能够感天动地,得到实现。以偈颂的形式一开始就写出了法藏比丘宏大誓愿的核心,即"我建超世志,必至无上道,斯愿不满足,誓不成等觉"。意思是说我(法藏比丘)已立下了超越世间一切的大誓,一定要成就无上至道,若这个大愿不能满足,那么我决不成佛。这是成佛的大愿。另外一个核心是救度众生的大愿,即偈句中的"复为大施主,普济诸穷苦,令彼诸群生,长夜无忧恼。生出众善根,成就菩提果",在成就了佛果的同时,还要做众生的救度者,使他们远离漫漫的生死长夜,生发出种种善根,成就菩提果。第三个核心是"我若成正觉,立名无量寿。众生闻此号,俱来我刹中",之所以要立名为无量寿或后文所说的无量光,目的只是为了使众生找到一位永久的依赖对象,不会因为寿命、光明的减损而产生恐慌,这是本经的一个用意。

在对四十八愿作了总结之后,本偈中又说法藏比丘愿有"如佛无碍智,所行慈愍行,常作天人师,得为三界雄。说法师子吼,广度诸有情,圆满昔所愿,一切皆成佛",这是前文的愿文中未曾提到的,意思是他希望得到像佛一样的无碍智慧,像佛一样行大慈大悲之行,像佛一样做天人的导师,成为三界之中的强者,为众生说讲佛法,圆满自己成佛以及使他人成佛的誓愿。这里的"三界雄",是佛的一种德号,因为佛已断尽了一切烦恼。因而雄猛无所畏惧,成为欲界、色界、无色界三界之中的大雄。寺院中将供养着释迦牟尼佛的正殿称作大雄宝殿也正是这个意思。

积功累德第八

【经文】

阿难,法藏比丘于世自在王如来前,及诸天人大众之中,发斯弘誓愿已,住真实慧,勇猛精进,一向专志庄严妙土。所修佛国,开廓广大,超胜独妙。建立常然,无衰无变。

于无量劫,积植德行,不起贪瞋痴欲诸想,不著色声香味触法。但乐忆念过去诸佛①所修善根。行寂静行②,远离虚妄③,依真谛④门,植众德本。不计众苦,少欲知足,专求白法⑤,惠利群生。志愿无倦,忍力⑥成就。于诸有情,常怀慈忍,和颜爱语,劝谕策进。恭敬三宝⑦,奉事师长,无有虚伪谄曲之心。庄严众行,轨范具足。观法如化,三昧常寂。善护口业,不讥他过;善护身业,不失律仪;善护意业,清净无染。所有国城、聚落、眷属、珍宝,都无所著。恒以布施、持戒、忍辱、精进、禅定、智慧六度之行,教化安立众生,住于无上真正之道。

由成如是诸善根故,所生之处,无量宝藏自然发应。或为长者、居士、豪姓、尊贵;或为刹利⑧国王、转轮圣帝⑨;或为六欲天主⑩,乃至梵王⑪,于诸佛所,尊重供养,未曾间断。如是功德,说不能尽。身口常出无量妙香,犹如栴檀⑫、优钵罗华⑬,其香普熏无量世界。随所生处,色相端严。三十二相、八十种好⑭,悉皆具足。手中常出无尽之宝,庄严之具，一切所须，最上之物，利乐有情。由是因缘，能令无量众生皆发阿耨多罗三藐三菩提心。

【注释】

①忆念过去诸佛：一般来说忆佛的内容包括忆念佛德，于是知恩图报；忆念佛之所行，并依佛而行；忆念佛之所证，并依佛之所证。

②寂静行：如来所行的究竟清净的灭度之法，是诸大菩萨趋入无余涅槃妙行，因其寂静幽深，不能言说故名。

③虚妄：指虚假不实。《圆觉经》说："虚妄浮心，多诸巧见。"《涅槃经》则认为："一切恶事，虚妄为本。"

④真谛：又称"胜义谛"、"第一义谛"。真，即真实无妄，谛即义。原为古印度婆罗门教用语，佛教沿用，指佛教所谓的殊胜认识，胜义认识，即佛教的真理。与世间的一般认识"俗谛"相对。

⑤白法：即清白的善法。《大乘义章》中说："善法鲜净，名之为白。"

⑥忍力：指六度中忍辱度的力用。

⑦三宝：佛教对佛、法、僧三者的称呼。佛指释迦牟尼，也泛指一切佛；法，指佛教的教义；僧，指佛教僧众。

⑧刹利：即刹帝利，古代印度四种姓之一，为世俗社会的统治者。

⑨转轮圣帝：梵文 Cakravartirja 的意译，亦译"转轮王"、"转轮圣王"、"圣王"。音译"斫迦罗伐剌底曷罗阇"、"遮迦越罗"等。原为古印度神话中的"圣王"，具有三十二种形象。据说在他即位时，从天上感得了轮宝，转这一轮宝，他便能降伏四方，故名。而且他还能在空中飞行，所以又被称作"飞行皇帝"。佛教沿用这一说法，并称该王有四位，即金、银、铜、铁四王，而且各

持有相应的金属制轮宝。金轮王领有四洲，即东南西北洲；银轮王领有东西南三洲；铜轮王领有东、南二洲；铁轮王领有南阎浮提洲。所有轮王都领有七宝，即轮宝、白象宝、绀马宝、玉女宝、明月珠宝、主藏臣宝、主兵臣宝。

⑩六欲天主：指欲界六天之王。欲界六天，据《俱舍论》卷八，包括四天王天、忉利天、夜摩天、兜率天、乐变化天、他化自在天。这六重天由低向高，每层相隔的距离越来越长，后两天的间隔为前两天间隔的两倍。对于这六重天的空间大小，佛教各派说法不一，有说上一天比下一天大两倍，有说夜摩天以上诸天为忉利天的四倍大。

⑪梵王：在婆罗门教、印度教中被称为梵天，是创世之神，与湿婆、毗湿奴并称为婆罗门教和印度教的三大神。佛教将它作为护法神，持白拂，为释迦牟尼的右胁侍；又为色界初禅天之王，称"大梵天王"。

⑫栴檀：生长在印度的一种香木，有红白两种，能治病。

⑬优钵罗华：亦译青莲花、红莲花，其花香气芬芳。

⑭八十种好：亦称"八十种小相"、"八十种微妙种好"、"八十随好"、"八十随形好"等。与三十二相合称"相好"。指佛陀与生俱来的神异容貌。三十二相是指三十二个显著特征，八十种好是八十个细微隐秘之处的特征，如第一好，指甲狭长薄润，光洁明净，如花色赤铜；第三好，手足指头圆而细长柔软，不见骨节；第二十八好，唇色红润光泽，上下相称；第三十一好，声音宏伟，如象王吼声明朗清彻；第三十三好，鼻梁修长，不见鼻孔；第三十六好，眼睛青白分明；第四十二好，耳轮阔大，成轮埵形；第四十七好，头发修长，稠密绀青；第五十七好，面形长宽匀称，皎洁如秋月；第七十一好，声音不高不低，应众生心意，和悦与言；第七十三好，以一音说法，有情之类各得其解；第八十好，手足及胸，皆有吉祥喜旋之相（即卍字）等。

【白话】

接着,释迦牟尼继续说:"阿难,法藏比丘在世间自在王以及诸位天神大众之前发下了这些弘大誓愿之后,便一心投入到这种追求真实智慧的修行之中,克服障碍,百折不挠,精进勤奋地寻求神圣庄严的佛国净土。所以,他所修行摄取到的佛国,广阔无边,超出了所有其他诸佛国而独具特色,精妙华美。一旦建立起来之后,这个佛国净土便始终保持,永不衰亡,也不会发生任何变异。

"在难以数计的时间内,法藏比丘不断地积累功德,心中不生贪、瞋、痴这一系列的烦恼欲念,对色、声、香、味、触、法等从不执着,惟一所做的事就是追想过去诸佛所修的善行,以寂静无忧之心进行修行,远离那些虚浮妄见,依照佛法的'第一义谛'这一真理,建植众功德之根本。法藏比丘不计较修行中的任何困难,物欲的需求很少很少,但他已经很满足了。他所追求的是清白无染的佛教真理,以使这个真理给一切众生带来好处。他对自己的誓愿毫无厌倦地追求着,以六度中忍辱度之力努力成就着这一誓愿。对于世间众生,他常常怀着慈爱、宽忍之心,和颜悦色地与他们讲法,循循规劝,时时鞭策他们,一心向佛。对于佛、法、僧三宝,法藏比丘总是真心地崇敬;对于教师、长辈总是尊重他们,毫无虚伪做作、阿谀谄媚之心。对待与自己一样的修行者,总是依照修行的规范,以身作则。将世间的一切事物看做幻化无常,正定于无生灭状态之中。对于自己的言词十分注意,从不讥讽他人的过失;对待自己的行为,始终遵守戒律仪礼之规定;对待自己的意念,从不使它歪生杂念,保持思想的纯净无染。对于所有世间的国家城池、聚落村寨、家庭眷属、奇珍异宝,全都无所执着。总是持之以恒地用布施、持戒、忍辱、精进、禅定、智慧这六种修行方式,教化众生,使他们以至高无上的佛法之理安身立命。

"法藏比丘由于成就了如上所说的众多功德，所以他所转世投生的地方，都自然而然地涌现出了无数的宝藏。他或转世为德才兼备的长者，或转世为在家修佛的居士，或转世为豪门望族、高官显贵；或转世为刹帝利种姓的国王，或四洲之主的转轮圣帝；或转世为欲界六天之王，乃至色界诸天的大梵天王，他都会到诸佛所居住的地方去，以恭敬之心供养诸佛，他所做的这一功德从未间断过。像这样的功德，他做了很多，难以计数。从他的身体和口中常常散发出无穷无尽的奇妙香气，好像栴檀木和优钵罗花散发出的香气一样芬芳，这种芳香遍及无边无际的世界之中。法藏比丘每次转世投胎的相貌都是端庄伟岸的，三十二相，八十种好，他都具有。他的手中常常能够拿出无穷无尽的珍宝，如供养诸佛的器具，施舍他人的一切用品。他将最好的东西都拿出来用于施舍，利乐有情众生。因为这个原因，他能够使无数众生都一心向佛，萌发求取无上正等正觉之心。"

【说明】

本节经文在第一段中对积功累德作了概括说明，接着便对此作进一步的详细解说。首先指出这种行为是长期的，需要持之以恒的，要求心中不生贪瞋痴的欲望，对于色声香味触法不能执着，一心只是沉浸在对诸佛所修善根的忆念之中，同时还要深入寂灭为乐的无上寂静，入无余涅槃的妙行，远离虚妄，以第一义谛的法门勤修万德之根本。

其次指出净业的成就必须有善良的因缘。所谓净业是指修念佛法门而求生净土的行为。法藏比丘的善良因缘有许多，不仅表现在"不起贪瞋痴欲诸想，不著色声香味触法"，"少欲知足，专求白法","于诸有情,常怀慈忍,和颜爱语","恭敬三宝,奉事师长"等等,而且还能使身、口、意等依照佛教规范而行,并持之以恒地依照六度修行,完全是对"至心精进"一节中"精勤求索,恭慎保持"一句的详尽阐释。成佛所必备的一切功德,在这里他全部已经亲自践行了。

圆满成就第九

【经文】

佛告阿难：法藏比丘修菩萨行，积功累德，无量无边。于一切法而得自在，非是语言分别之所能知。所发誓愿，圆满成就，如实安住，具足庄严、威德、广大、清净佛土。

阿难闻佛所说，白世尊言：法藏菩萨成菩提者，为是过去佛耶？未来佛耶？为今现在他方世界耶？

世尊告言：彼佛如来，来无所来，去无所去。无生无灭，非过现未来。但以酬愿度生，现在西方，去阎浮提①百千俱胝那由他佛刹，有世界名曰极乐。法藏成佛，号阿弥陀。成佛以来，于今十劫。今现在说法，有无量无数菩萨、声闻之众恭敬围绕。

【注释】

① 阎浮提：阎浮，梵文作 Jambu，即赡部，树名；提，梵文作 dvTpa，意为洲。阎浮提，指赡部洲，此洲盛产赡部树，故名。佛教中认为宇宙中心的须弥山四面环海，海中有四大部洲，分别为东胜身洲、南赡部洲、西牛货洲、北具卢洲。南赡部洲又叫阎浮提洲，是世俗众生所居住的地方。

【白话】

释迦牟尼佛继续对阿难说:"法藏比丘修菩萨行,积累的功德,无量无边。他对于世间及出世间一切事物和现象的认识,都达到了自然无碍的阶段,不是一般的语言和概念所能表达的。他所发下的四十八大誓愿,全部圆满成就了。他以真实智慧、无为法身所示现出来的佛国净土,具备了神圣、庄严、威德、广大、清净等诸多特性。"

阿难听完之后,便对释迦牟尼佛说:"法藏比丘成就了菩提佛果,他是成了过去佛呢?还是现在佛呢?还是未来佛?亦或是现在世其他世界之中的佛呢?"

释迦牟尼佛向他解释说:"他这个佛名叫如来,来没有一定的来处,去也没有一定的去处,无生无灭,并非过去、现在、未来之类的概念所能表述的。因为法藏比丘许下誓愿要救度众生,所以他现今就在西方示现出来,距离我们居住的南赡部洲有百千个十万亿之多的佛国之遥,名字叫'极乐世界'。法藏比丘终于成了佛,名号为'阿弥陀佛'。从他成佛之时直到现在,已经有十个时劫了。现在他正在那里讲经说法,有无以数计的菩萨、声闻弟子环绕于其左右,恭听他的说法。"

【说明】

法藏比丘原来就是阿弥陀佛,到此,听经的人才恍然大悟。在本节经文以前所作的论述都是成佛之因,从本节经文始讲述法藏比丘所成就的圣果。

皆愿作佛第十

【经文】

佛说：阿弥陀佛为菩萨求得是愿时。阿阇王子①与五百大长者，闻之皆大欢喜，各持一金华盖②，俱到佛前作礼。以华盖上佛已，却坐一面听经。心中愿言：令我等作佛时，皆如阿弥陀佛。佛即知之，告诸比丘：是王子等，后当作佛。彼于前世住菩萨道，无数劫来，供养四百亿佛。迦叶佛时，彼等为我弟子。今供养我，复相值也。时诸比丘闻佛言者，莫不代之欢喜。

【注释】

① 阿阇王子：古印度摩揭陀国王之子。
② 华盖：以花装饰的伞盖。

【白话】

释迦牟尼佛继续讲道："阿弥陀佛从菩萨证求成佛的誓愿圆满完成之时，阿阇王子与五百大长者得知这一喜讯，都高兴万分。他们各持一把金色华盖，都来到阿弥陀佛面前，向他行礼。将华盖献与他，然后他们就退下来，坐在那里听阿弥陀佛讲经。各自都在心中发起誓愿：如果有一天我们也成了佛，也要像他那样。阿弥陀佛立即知道了他们心中所想之事，便对他们说：'王子以及你们五百长者，以后都将成佛。你们在前世曾修行菩萨道，经历了无数劫的时间，供养了四百亿佛。在迦叶佛的时候，你们曾经是我的弟子，现在又供养我，仍然是我的弟子。'诸比丘当时听到阿弥陀佛说这些话，心中个个充满了欢喜。"

【说明】

法藏比丘所许下的誓愿中，在此我们已经看到两个誓愿得以示现出来了。其一是能立即知道他人心中所想之事，其二是使自己的弟子，凡是做过功德之人，只要一心向善，皆能得到他的预言，获得"一生补处"的佛位。

在本节经文中首先提到的是来自世俗社会的王子及五百多位在家之人的欢喜，再次点明净土法门对于俗人及在家修行之人是非常适合的，与第二品中点明贤护等十六正士所起的作用是一样的。其次佛之所以知道弟子心中所想之事，也是因为他们发下誓愿的原因，因而发愿是很重要的。第三，佛再次论到了因缘问题。这也是能否获得佛位的一个条件。

国界严净第十一

【经文】

佛语阿难：彼极乐界，无量功德，具足庄严，永无众苦、诸难、恶趣、魔恼之名，亦无四时、寒暑、雨冥之异，复无大小江海、丘陵坑坎、荆棘沙砾、铁围、须弥①、土石等山。唯以自然七宝、黄金为地，宽广平正，不可限极。微妙奇丽，清静庄严，超逾十方一切世界。

阿难闻已，白世尊言：若彼国土无须弥山，其四天王天②及忉利天③依何而住？

佛告阿难：夜摩兜率④，乃至色、无色界。一切诸天，依何而住？

阿难白言：不可思议业力所致。

佛语阿难：不思议业，汝可知耶？汝身果报，不可思议；众生业报，亦不可思议。众生善根，不可思议；诸佛圣力、诸佛世界，亦不可思议。其国众生，功德善力，住行业地，及佛神力，故能尔耳。

阿难白言：业因果报，不可思议。我于此法，实无所惑，但为将来众生破除疑网，故发斯问。

【注释】

① 铁围山、须弥山：铁围山，又称"铁轮山"、"金刚山"，据

说是由铁组成的山。须弥山，是梵文 Sumeru 的音译，又译"须弥楼"、"苏迷卢"等，意译为"妙高山"、"善高山"。原为印度教神话中的山名，佛教沿用之。指帝释天、四大天王等的居所。四宝所成，处大海之中，高三百三十六万里，其外有九山八海，其外围即是铁围山。须弥山顶为忉利天王秘居，四大天王居半山腰。忉利天之主帝释天所在的天高四万二千由旬。其宫殿众宝镶嵌，气宇非凡。四天王以外是七香海，七香海之外是七金山。七金山之外是咸海，咸海之外是铁围山。咸海中有四大部洲、八中洲和无数小洲。铁围山所环绕的这一区域便为一世界，在这一世界之中，须弥山是最高大的，是世界的中心，所有的山河大地日月星辰都是环绕着它而列成的。

② 四天王天：六欲天之一，亦称"四王天"、"四大王众天"。是四天王及其眷属的住处。是六天中最低、最接近人世的天。位于须弥山腰的健陀罗山，此山有四峰，各住一天王，各护一天下。高四万二千由旬，"所居宫殿，有七重宝城栏楯，七重罗网，七重行树，七重诸宝铃，乃至无数众鸟相和而鸣。"

③ 忉利天：即三十三天。居欲界六天之二，小乘有部认为是欲界十天中的第六天。此天在须弥山巅，四方四峰各有八天，以辅佐居于中央的帝释天，合名为三十三天。

④ 夜摩：亦译须夜摩，欲界天中第三层天；兜率：又译妙足，上足欲天中第四层天。

【白话】

释迦牟尼对阿难说："阿弥陀佛的极乐世界，是无量无边的功德积聚而成的，一切神圣庄严皆已具备，因而永无众苦，永无灾难，永无恶趣、魔恼的概念；也没有四季、寒暑的变化，没有邪风恶雨、黑夜这些现象；更没有大小江海、丘陵坑坎、荆棘沙砾、铁围山、须弥山、土石山等。这里只用自然生成的七种宝物以及黄金来铺地,因而地面宽广平坦,无边无际,既精妙又神奇壮丽,清净庄严,超过了十方一切佛国净土世界。"

阿难听完之后,便问释迦牟尼佛道:"如果极乐世界之中没有须弥山的话,那么四天王天以及忉利天这些天神又在哪里居住呢?"

释迦牟尼佛回答阿难说:"你说说,夜摩天、兜率天以及色界、无色界这一切诸天,它们是在哪里居住的呢?"

阿难回答说:"它们是靠不可思议的业力而居住的。"

释迦牟尼佛又回答阿难说:"不可思议的业力你知道吗?你自身因过去所行的善恶而得到的果报,不可思议;众生的业报不可思议;众生行善而得到的果报不可思议,那么诸神的神力、诸佛的世界亦是不可思议的。在佛国之中的众生,都是功德圆满,善力十足之人,他们住在阿弥陀佛的世界中,又享有阿弥陀佛的无边神力,因而不需要须弥山之类,极乐世界中的诸天神也能居住在此。"

阿难禀告释迦牟尼佛说:"业因果报的道理不可思议,我对此没有任何疑惑,我只是为了将来一切众生能够破除这种疑虑的束缚,明白其中的奥秘,因而向您提出这个问题。"

【说明】

此段经文主要讲述西方极乐世界的环境特点,指出"业因果报"是不可思议的道理。

光明遍照第十二

【经文】

佛告阿难：阿弥陀佛威神光明，最尊第一，十方诸佛所不能及。遍照东方恒沙佛刹①。南、西、北方，四维上下，亦复如是。若化顶上圆光，或一、二、三、四由旬，或百、千、万、亿由旬。诸佛光明，或照一、二佛刹，或照百、千佛刹。惟阿弥陀佛，光明普照无量无边无数佛刹。诸佛光明所照远近，本其前世求道所愿功德大小不同。至作佛时，各自得之。自在所作，不为预计。阿弥陀佛光明善好，胜于日月之明千亿万倍。光中极尊，佛中之王。是故无量寿佛亦号无量光佛，亦号无边光佛、无碍光佛、无等光佛，亦号智慧光、常照光、清净光、欢喜光、解脱光、安隐光、超日月光、不思议光。如是光明，普照十方一切世界。其有众生遇斯光者，垢灭善生，身意柔软。若在三途②极苦之处见此光明，皆得休息。命终皆得解脱。若有众生闻其光明、威神、功德，日夜称说，至心不断，随意所愿，得生其国。

【注释】

①恒沙佛刹：像恒河的沙一样多的诸佛刹。恒河是印度佛教徒奉为圣河的河流。形容数量极多时，常以不可数计的恒河沙来

作比喻。

②三途：指火途、血途和刀途。火途指地狱道，血途指畜生道，刀途指饿鬼道。

【白话】

释迦牟尼佛告诉阿难说："阿弥陀佛那具有神威的光明，是至尊第一的，是十方世界诸佛所不能达到的。这种光明照遍了东方像恒河沙一样多的佛国，南方、西方、北方以及上方、下方这些诸多佛国之中也都受到照射。如果将它头顶部的顶光散开照射的话，那么，能照到一、二、三、四由旬这么近的地方，也可以照到百、千、万、亿由旬那么遥远的地方。而其他诸佛所发射出的光明，或只能照射到一两个佛国之中，或者照射到百千个佛国之中，只有阿弥陀佛的光明才能普照无边无际，不可计数的佛国净土。诸佛光明照射的远近，是根据他们前世求道时所行愿的功德大小不同来决定的，到了他们成佛的时候，便以各自前世行愿的功德大小而得到相应的光明。这是自然成就，不以个人的意志为转移的。阿弥陀佛所发出的光明是绝好的，它胜过日月光明千亿万倍，它是光明中最尊贵宏大的，在诸佛中也是至高第一的。所以无量寿佛亦号为无量光佛、无边光佛、无碍光佛、无等光佛，亦号为智慧光、常照光、清净光、欢喜光、解脱光、安隐光、超日月光以及不思议光。如上所述的这种种光明，普照十方一切世界。这些世界中的众生，凡有受到这些光明照射的，所有贪、瞋、痴之污垢便得以断灭，取而代之的是相应的善根，身、口、意三业柔和随顺。如果有人处在地狱道火途、畜生道血途、饿鬼道刀途这样的极苦之中，只要见到阿弥陀佛的光明，都会不再受此苦难，在生命终结之时从中解脱出来。如果众生中有听到其光明、威神、功德，又日夜称其名诵念者,专心致志,从不间断,就可以随着他的意愿,往生极乐世界。"

【说明】

本段经文是对法藏比丘第十三、十四愿的描述。正如他所希望的,实现了光明无量,众生触光安乐的誓愿。

寿众无量第十三

【经文】

佛语阿难：无量寿佛，寿命长久，不可称计。又有无数声闻之众，神智洞达，威力自在，能于掌中持一切世界。我弟子中大目犍连神通第一。三千大千世界所有一切星宿、众生，于一昼夜，悉知其数。假使十方众生悉成缘觉，一一缘觉，寿万亿岁，神通皆如大目犍连，尽其寿命，竭其智力，悉共推算彼佛会中声闻之数，千万分中不及一分。譬如大海，深广无边。设取一毛析为百分，碎如微尘。以一毛尘沾海一滴，此毛尘水比海孰多？阿难，彼目犍连等所知数者，如毛尘水，所未知者，如大海水。彼佛寿量及诸菩萨、声闻、天人①，寿量亦尔，非以算计譬喻之所能知。

【注释】

① 天人：指已经往生极乐世界，但未断惑的凡夫。

【白话】

释迦牟尼佛对阿难说："无量寿佛寿命的长久，是难以说清，而且难以计算的。在他周围还有无数声闻弟子，同样是难以说清、难以计算的。阿弥陀佛的神通智慧，能够通达一切；他的神威法力，自在无碍；他能用一只手掌托起任何一个世界。在我的弟子中大目犍连是神通第一的，三千大千世界中所有的星辰及众生的数目，他能在一昼夜之间全部计算清楚。如果十方世界中的众生都能变为缘觉，每一位缘觉的寿命都是万亿岁，每一位的神通都像大目犍连一样，即使将他们的寿命用完，智力取尽，一同来推算阿弥陀佛国中的声闻弟子之人数也还是算不出来的。他们计算出的数目与实际的人数相比还没有达到千万分之一。我们以大海来作个比喻吧，它浩瀚无边，假如取一根毫毛，将这根毫毛又分作微尘大小的一百份，用这微尘大小的一毛尘来沾一滴海水，这一滴海水与大海相比，谁多谁少呢？

"阿难，刚才我所比喻的大目犍连以及众生所计算出的阿弥陀佛国中众弟子的人数，就好像是那毛尘沾到的那一滴海水，他们还没有计算出来的数目，就像是大海。阿弥陀佛以及在其极乐世界中的诸位菩萨、声闻、天人的寿命长久以及数量多少，不是计算、比喻等方法所能知道的。"

【说明】

这是对法藏比丘第十五寿命无量、十六声闻无数愿的描述。释迦牟尼佛在讲说佛法时往往善用比喻，这些比喻形象生动，不能不令人叫绝。这里所用海水与毛尘的比喻，可谓精辟清晰。

宝树遍国第十四

【经文】

彼如来国多诸宝树。或纯金树、纯白银树、琉璃树、水晶树、琥珀树、美玉树、玛瑙树,唯一宝成,不杂余宝。或有二宝、三宝乃至七宝,转共合成。根茎枝干此宝所成,花叶果实他宝化作。或有宝树,黄金为根、白银为身、琉璃为枝、水晶为梢、琥珀为叶、美玉为华、玛瑙为果。其余诸树,复有七宝,互为根干枝叶华果,种种共成。各自异行,行行相值,茎茎相望,枝叶相向,华实相当。荣色光曜,不可胜视。清风时发,出五音声。微妙宫商,自然相和。是诸宝树,周遍其国。

【白话】

"在西方极乐世界中,有许许多多的各色宝树,有的是纯黄金树,有的是纯白银树,有的是琉璃树,有的是水晶树、琥珀树、美玉树、玛瑙树,它们都是用一种宝物做成的,这些宝物的质地优良,不掺杂任何的杂质。有的树是用两种、三种、七种宝物,共同合成的。根茎枝干用这些宝物,花叶果实则用另一种宝物做成。或者,还有的宝树,是用黄金作根、白银作树干、琉璃作树枝、水晶作树梢、琥珀为叶、美玉为花、玛瑙为果的。其他各树,也是用七宝来做成的,只不过它们互为根干枝叶花果罢了。这些不同的宝树,各自按类排成行,茎茎相望,枝叶相向,花朵果实,各展风姿，使人目不暇接。清风吹来，沙沙作响，宛如美妙悠扬的音乐之声，自然和谐。这样的宝树，遍植在极乐世界的每一角落。"

【说明】

这里讲述的是法藏比丘的第四十个誓愿，即无量色树愿。

菩提道场第十五

【经文】

又其道场有菩提树，高四百万里。其本周围五千由旬，枝叶四布二十万里。一切众宝，自然合成。华果敷荣，光辉遍照。复有红、绿、青、白、诸摩尼宝①，众宝之王，以为璎珞。云聚宝锁，饰诸宝柱；金珠铃铎，周匝条间；珍妙宝网，罗覆其上；百千万色，互相映饰；无量光炎，照耀无极；一切庄严，随应而现。微风徐动，吹诸枝叶，演出无量妙法音声。其声流布遍诸佛国，清畅哀亮，微妙和雅，十方世界音声之中，最为第一。若有众生，睹菩提树，闻声、嗅香，尝其果味，触其光影，念树功德，皆得六根清彻，无诸恼患，住不退转，至成佛道。复由见彼树故，获三种忍。一音响忍，二柔顺忍，三者无生法忍。

佛告阿难：如是佛刹，华果树木，与诸众生，而作佛事。此皆无量寿佛威神力故，本愿力故，满足愿故，明了、坚固、究竟愿故。

【注释】

①摩尼宝：指摩尼珠，亦称"摩尼宝珠"、"如意珠"。据佛经载，这种珠子出自龙王或摩竭鱼的脑中，或为佛舍利变现而来。它能满足人们的任何希望和要求。

【白话】

"在极乐世界里,阿弥陀佛讲经说法的道场中有菩提树,树高达四百万里。树干粗壮无比,周围一圈有五千由旬,枝繁叶茂覆盖了二十万里。这棵菩提树是由所有的宝物自然合成的,繁花硕果布满枝头,光芒四射。以红色、绿色、青色、白色等众多的宝中之宝摩尼宝珠作为璎珞,由云聚宝将这些璎珞连接起来,装饰在树干上;黄金、珍珠做成的铃铎,密密麻麻地布满枝条之间;像珍珠般精妙的宝网,覆盖在树上。这些成千上万的宝物,色彩真是琳琅满目,互相辉映,无量光芒,照射到无边无限的地方。一切庄严之相,随着意念变化示现出来。微风吹动,枝叶摇曳,发出无数美妙的法会音乐之声。那美妙之声传遍十方诸佛的佛国净土,清新悠扬,哀婉明亮,微妙和谐,在十方世界诸种声音之中,它是第一位的。众生之中若有能够看见菩提圣树,闻其声音,嗅其香味,尝其果实,触其光影,念其功德者,都会使他六根清净,烦恼、忧患彻底断绝,在修行的道路上永不退却,直至成佛。还有,因他们见到、了解菩提树的缘故,还能获得三种法忍之神力,这三种忍,一名音响忍,二名柔顺忍,三是无生法忍。"

释迦牟尼佛继续对阿难说:"在这样的极乐世界中,这样的花果树木,与诸众生一样,都能成就佛事。这些都是因为无量寿佛的神威之力的缘故,也是他的本愿力、满足愿力、明了愿力、坚固愿力、究竟愿力共同作用的缘故。"

【说明】

佛教历来与菩提树有不解之缘,以释迦牟尼佛来说,他出生在菩提树下,并在菩提树下成道,直至在菩提树间入灭。这高大伟岸的树木不仅使人感受到大自然的真实存在,而且也体现着庄严、神圣这一系列的形状特征。早期佛教没有偶像崇拜的时期内,其造像中常以菩提树喻示佛的悟道。所以在本节经文中将菩提树植于菩提道场是很自然的事,它完全是一棵无与伦比的参天大树。

堂舍楼观第十六

【经文】

又,无量寿佛讲堂①精舍②,楼观栏楯,亦皆七宝自然化成。复有白珠摩尼以为交络,明妙无比。诸菩萨众所居宫殿亦复如是。中有在地讲经、诵经者;有在地受经、听经者;有在地经行③者;思道及坐禅④者;有在虚空讲诵受听者;经行、思道及坐禅者。或得须陀洹⑤;或得斯陀含⑥;或得阿那含⑦、阿罗汉。未得阿惟越致者,则得阿惟越致。各自念道、说道、行道,莫不欢喜。

【注释】

①讲堂:讲经的堂舍。禅宗称"法堂"。为佛寺七堂伽蓝之一,一般建在正殿的后面,地位仅次于正殿。据《六学僧传·隋罗云传》载,从东晋道安、昙翼二人开始建讲堂。

②精舍:即寺院。源于释迦牟尼成道后讲经说法并居住的"祇园精舍"之名。祇园精舍与竹林精舍是佛教史上最早的两大寺院。

③经行:亦译"行道",指在诵经时来回走动,以防瞌睡。《玄赞二》谓:"此中往一,消食诵经,如经布绡之来去,故言经行。"

④坐禅:坐着修习禅那。坐即结跏趺坐,禅即禅那。据《摩诃止观》卷二载,坐禅者应在安静的地方,独自一人,结跏趺坐,身体不能随意晃动,更不能睡眠,九日或十日为一期。

结跏趺坐，略称跏趺。有两种形式：一是两足交义置于左右股上，叫全跏趺坐，俗称双盘。若是以右足压左股上，后以左足压右股上，称为降魔坐，禅宗僧人大多采用这种方式。反之，先以左足压右股上，后以右足压左股上，两足掌掌心向上、仰于二股之上则为吉祥坐，密宗亦称为莲花坐。二是单以右足压在左股上，或单以左足压在右股上，叫半跏趺坐，俗称单盘，密宗称此为吉祥坐。

⑤须陀洹：即预流，小乘佛教修行果位之一，属于初级阶位。

小乘修习果位可以简称为四双八辈亦称四向四果、四向四汤、八补特伽罗、八贤圣满：即预流向、预流果、一来向、一来果、不还向、不还果、阿罗汉向、阿罗汉果。通过思维四谛之理，正在断除见惑并趋向预流果的修行者，被称为预流向，三界见惑已经断除而达到的称为预流果；正在断除修惑并趋向一来果者，称一来向，已断灭了与生俱来的烦恼而达到的果位，称一来果；正在最后断除欲界修惑并趋向不还果的修行者称不还向，已完全断除欲界的修惑而达到的果位称不还果；达到不还果后，继续向阿罗汉果修行者称阿罗汉向，断尽三界见、修二惑所达到的果位，称阿罗汉果，是最高果位，又称杀贼，因已杀尽了一切烦恼之贼；又应得天人供养，故称应供；又永入涅槃，不入轮回，故称不生。

⑥斯陀含：亦译"一来"，也称"二果"，是较须陀洹高一级的修行果位。参见上注。

⑦阿那含：亦译"不来"，是较斯陀含又高一级的修行果位。参见上注。

【白话】

"还有，无量寿佛的讲堂、精舍，楼台、亭榭、栏槛阙阁，也全是七宝自然生化而成。又以白色的摩尼珠交织缠绕在上面，真是美妙无比。其他诸位菩萨所居住的宫殿也是这样。在这些精美的堂舍楼观之中，有人站在地上讲经、诵经；有人站在地上受经、听经；有人在那里来回走动诵念经文；有的禅定修习。在虚空之中，也有讲经、受经、诵经者，也有经行者及坐禅者。有的证得了须陀洹的果位，有的证得了斯陀含果位，有的证得了阿那含果位，有的证得了阿罗汉果位。原来没有得到阿惟越致果位的，现在也已得到了这一果位。每个人各自念道、说道、行道，莫不欢喜。"

【说明】

此节经文仍然是对法藏比丘所发誓愿并已成就的堂舍楼观以及居住其中的诸多菩萨的描述。

泉池功德第十七

【经文】

又，其讲堂左右，泉池交流，纵广深浅，皆各一等。或十由旬、二十由旬，乃至百千由旬。湛然香洁，具八功德①。岸边无数栴檀香树、吉祥果树②，华果恒芳，光明照耀。修条密叶，交覆于池。出种种香，世无能喻。随风散馥，沿水流芳。又复池饰七宝③，地布金沙，优钵罗华、钵昙摩华、拘牟头华、芬陀利华④，杂色光茂，弥覆水上。若彼众生过浴此水，欲至足者，欲至膝者，欲至腰腋，欲至颈者，或欲灌身，或欲冷者、温者、急流者、缓流者，其水一一随众生意。开神悦体，净若无形。宝沙映澈，无深不照。微澜徐回，转相灌注，波扬无量微妙音声，或闻佛法僧声，波罗蜜声，止息寂静声，无生无灭声，十力⑤无畏声；或闻无性、无作、无我声，大慈大悲喜舍声，甘露灌顶受位声。得闻如是种种声已，其心清净，无诸分别，正直平等，成熟善根。随其所闻，与法相应。其愿闻者，辄独闻之；所不欲闻，了无所闻。永不退于阿耨多罗三藐三菩提心。十方世界诸往生者，皆于七宝池莲华中自然化生，悉受清虚之身，无极之体。不闻三涂恶恼苦难之名，尚无假设，何况实苦。但有自然快乐之音。是故彼国名为极乐。

【注释】

①八功德：指八功德水，即极乐世界的水具有八种特性。据《称赞净土经》中载，其一是澄净，二是清冷，三是甘美，四是轻软，五是泽润，六是安和，七是饮时能除饥渴等无量过患，八是饮完之后定能"长养诸根四大，增益种种殊胜善根"。

②吉祥果树：印度生长的一种树，果实形状似瓜蒌，黄红色。

③池饰七宝：即极乐世界的七宝池。

④优钵罗华、钵昙摩华、拘牟头华、芬陀利华：分别指青、红、黄、白各色莲花。

⑤十力：梵文 Daśabala 的意译，指佛具有的十种智力。即：（1）知觉处非处智力。处，意谓道理，知道事物是否合乎道理；（2）知三世业报智力，知一切众生三世因果业报的智力；（3）知诸禅解脱三昧智力，知禅定、八解脱和三昧的智力；（4）知众生上下根智力，知众生能力和品质优劣的智力；（5）知种种解智力，知一切众生的种种知解的智力；（6）知种种界智力，知众生素质和境界的智力；（7）知一切智处道智力，知道转人、天和达到涅槃的智力；（8）知天眼无碍的智力，能以天眼见众生生死及善恶业缘；（9）知宿命无漏智力，知道众生宿命和无漏涅槃；（10）知永断习气智力，知道永断烦恼惑业，不再流转生死的智力。

另外，有的佛经认为菩萨也具有十力，如深心力、增上深心力、方便力、智力、愿力、行力、乘力、神变力、菩提力和转法轮力。

【白话】

"还有，在无量寿佛讲经说法的讲堂左右两边，清泉池水，纵横交流，它们的宽广深浅都各不相同，或十由旬、二十由旬，乃至百千由旬均有。水质湛净芬芳，具有澄净、清冷、甘美、轻软、润泽、安和、除饥渴、长养诸根等八种特性。岸边无数栴檀香树，吉祥果树，总是开满了鲜花，结满了果实，闪耀着光芒，散发出异常的芳香。它们修长的枝条，茂密的树叶，交织覆盖于池水之上，那美妙的香气，真是无与伦比。风送幽香，水载芬芳。池塘上饰以七宝，池底铺满金沙，青色、红色、黄色、白色等各色莲花，五彩缤纷，生长在池塘之中。倘若这里的众生蹚水过溪，那池水会随着他的意愿升高或下降，如果他想让池水淹没脚，那么池水就会淹没其脚；如果想淹至膝盖、淹至腰、至颈，或想淹满全身，池水都能做到。如果想让池水变冷、变温、变为急流、缓流，这池水都能使众生的意愿得到满足。此水开显神智，舒展身体，清澈透亮，看不出其形质。池底的黄金宝沙，不论多深都能映照出来。细波微澜，蜿蜒流转，微波荡漾，奏出无数清新悦耳的声音，听起来像是在诵念佛、法、僧三宝的声音，或讲演波罗蜜的声音，或止息寂静进入至深禅定的声音，或无声无灭涅槃境界之声音，或证实相智的十力无畏的声音，或是无性无作无我声，或是大慈大悲喜舍声，或是甘露灌顶受位声。听见这种种声音，众生心境得以清净，看待任何事物都不会有差别，正直平等，功德善根得以成熟。他所听到的声音与涅槃大法是相应的。众生愿意听到这些水声的就能听到，不想听这些水声的，则什么也听不到。随心所欲，使他们在修佛道路上永无退转之心。十方世界的往生者，都在七宝池莲花中自然化生，得到清虚之身，无极之体，从不知道三途恶道、烦恼、苦难这些概念，在这里连这些概念都没有了，哪里还有什么苦难呢？这里有的只是自然快乐的声音，因而这里被称作极乐世界。"

【说明】

这是对法藏比丘"池流华树"愿望最好的描绘。

超世希有第十八

【经文】

彼极乐国所有众生,容色微妙,超世希有。咸同一类,无差别相。但因顺余方俗,故有天人之名。佛告阿难:譬如世间贫苦乞人,在帝王边,面貌形状,宁可类乎?帝王若比转轮圣王,则为鄙陋。犹彼乞人在帝王边也。转轮圣王威相第一,比之忉利天王,又复丑劣。假令帝释比第六天,虽百千倍不相类也。第六天王若比极乐国中菩萨、声闻,光颜容色,虽万亿倍不相及逮。所处宫殿、衣服、饮食,犹如他化自在天王。至于威德、阶位、神通变化,一切天人不可为比。百千万亿不可计倍。阿难应知,无量寿佛极乐国土,如是功德庄严,不可思议。

【白话】

阿弥陀佛的极乐世界中,所有众生的容貌都很微妙特别,超越世间所有众生的相貌,是世上绝无仅有的。他们一看就是同一类别的众生,没有任何差别。但为了适应世人的习俗,所以才给他们贯以天神或人众的概念以便能够区分理解。释迦牟尼佛对阿难说:"比如世上的乞丐,如果让他们与帝王们站在一起,从他们的面貌气质来看,都是不同的,怎么可能属同类人呢?如果将帝王与转轮世王放在一起,那么帝王就显得很鄙陋渺小了。就如同乞丐与帝王相比一样。转轮圣王的威武相貌虽在人类之中是第一位的，但与忉利天王相比，则又显得丑陋卑劣了。假如让帝释天与第六天的天王相比，其间的差别就有成百上千倍之大了，它们全不能类比。如果将第六天王与极乐世界中的菩萨、声闻弟子相比，其容貌、气质更是相差了万亿倍。这些菩萨、声闻弟子所居住的宫殿、所穿的衣服、所吃的饮食，都像欲界之顶的第六天王他化自在天王一样。而他们的威德、阶位、以及神通变化却是一切天神和众生所不能相比的，二者之间相差了百千万亿甚至不可数计的倍数。阿难，你应该明白，无量寿佛的极乐世界，像这样的功德庄严，真是不可思议的。"

【说明】

释迦牟尼佛再次使用微妙的比喻，将极乐世界中的诸多菩萨、声闻弟子的容貌、气质赞叹到无与伦比的地步，这正是法藏比丘愿望所至而成的。

受用具足第十九

【经文】

复次,极乐世界所有众生,或已生,或现生,或当生①,皆得如是诸妙色身。形貌端严,福德无量,智慧明了,神通自在。受用种种,一切丰足。宫殿、服饰、香花、幡盖,庄严之具,随意所须,悉皆如念。若欲食时,七宝钵器②自然在前,百味饮食自然盈满。虽有此食,实无食者。但见色闻香,以意为食,色力增长而无便秽,身心柔软,无所味着。事已化去,时至复现。复有众宝妙衣、冠带、璎珞,无量光明,百千妙色,悉皆具足,自然在身。所居舍宅,称其形色,宝网弥覆,悬诸宝铃,奇妙珍异,周遍校饰。光色晃曜,尽极严丽。楼观栏楯,堂宇房阁,广狭方圆,或大或小,或在虚空,或在平地,清净安稳,微妙快乐。应念现前,无不具足。

【注释】

① 当生:即将来往生。
② 钵器:即指钵。梵文 Patra 的音译,是佛教僧侣所用的盛食器。比丘"六物"之一。

【白话】

"再有,极乐世界的所有众生,或是过去往生的,或是现在往生的，或是将来要往生的，都会有一副好的身材，姣好的容貌，端庄，威严，福德无量，智慧明了，神通自在。各种用品，一应俱全。宫殿、衣物、香花、幡盖等，都随众生的意愿所需来到面前。如果想吃东西时，饰满了七宝的钵具便会自然出现在眼前，百味饮食遍盛钵中。虽然有这么多的美味佳肴，但却无人真正地去吃它们。只是看看它们的颜色，闻闻它们的香味，让这些颜色、香味进入各人的意念之中便是饱餐了。这些以意念吃进的食物，不仅能使身体强壮，不会产生大小便这样的污秽，而且还能使身心柔软，不会产生其他的异味儿。吃完之后，钵具、食物自然消失，到下次用餐时便又自然会出现。

"还有许多宝物做成的精美的衣服、冠带、璎珞，熠熠生辉，色彩斑斓，极乐世界中的众生全都拥有这些东西，而且依照他们的念想，全都自然地穿在了身上。

"极乐世界众生所居住的宅院、宫舍，都与居住者的气质、容貌相协调，其上宝网覆盖，宝铃悬挂，装饰着各种美妙珍奇的物品，使房屋的光彩明艳照人，壮丽夺目。楼观栏杆，堂宇房阁，宽窄方圆，或大或小，或建在空中，或建在平地，全都清静安稳，建造微妙，使人看了备感愉快。人们想要什么样的房屋，便会随着这一意念出现什么样的房屋。"

【说明】

此节经文在讲述众生在极乐世界中的生活的同时，仍然没有忘记点明这种生活与世俗生活的不同，尤其是在饮食方面。虽然实相呈现在面前，但它仍是虚的，于此实相之中并无它物，于是众生对于这种无物的实相，只能以意念的方式来接触、理解它。大乘佛教所谓"空"的思想再次被展现出来。

德风华雨第二十

【经文】

其佛国土，每于食时①，自然德风徐起，吹诸罗网及众宝树，出微妙音，演说苦、空、无常、无我诸波罗蜜。流布万种温雅德香。其有闻者，尘劳垢习自然不起。风触其身，安和调适，犹如比丘得灭尽定。复吹七宝林树，飘华成聚，种种色光，遍满佛土。随色次第，而不杂乱，柔软光洁，如兜罗棉。足覆其上，没深四指，随足举已，还复如初。过食时后，其华自没。大地清净，更雨新华。随其时节，还复周遍，与前无异，如是六反。

【注释】

①食时：吃饭时分。早期佛教戒律规定,日中一食,过午不吃；学佛斋戒，非时不食。吃饭的时间也有规定，诸天神是早食，称初分，即在丑、寅、卯时进食，约相当于1–7时；人类是午前食，称中分，即在辰、巳、午时进食，约相当于7–13时；畜生午后食，称哺分，即在未、申、酉时进食，约从13–19时；神鬼夜食，称夜分，即在戌、亥、子时进食，约从19–1时。这里的食时即应该是指早食。

【白话】

"在阿弥陀佛的佛国净土之中，每到吃饭的时候，便会徐徐吹起自然德风，吹得众多的罗网及众宝树，发出微妙奇特的声音，这声音不断地演说苦、空、无常、无我这样的佛法真理，并且散发出万种温雅的德香。闻到这种香气，风尘劳苦、不良习性自然消失，不再生起。风吹到身上，温柔舒适，就好像比丘进入灭尽禅定状态中的感觉一样。微风吹拂下的七宝树林，鲜花飘飘洒洒地落下，聚在那里，那种种的色光，充满佛土。各色鲜花，根据不同的颜色分类组合，色泽协调而不杂乱，柔软光洁，脚踩在上面，淹没脚面有四指之深，脚走开以后，鲜花又重新回复为原来的样子，完好无损。吃饭的时间过去以后，这些鲜花便会自然消失。大地重新一片清静，天上重又飘下新的花雨。随着时令的变化，这种现象循环往复，与前面所说的情景没有什么差异，在一天之中要重复六次。"

【说明】

该节经文虽是讲述极乐世界中的德风花雨，但佛法的熏陶仍然无时不在。苦、空、无我、无常的佛教理论再次被置于前提之中，之所以有德风花雨，俨然是为了演说这些佛理。苦是佛教的一个真理，主要是指三界生死轮回的苦恼。而空则是般若经系的大乘思想的理论基础，所要否定的是自我和外界的一切事物。实际上在前面的经文中已经向我们展示了这种"空"的概念，无论是以意为食的佛国众生，还是各菩萨所示现的"异相"，全部都体现着无所得的"非有"、"非存在"，都是依赖于一定的因缘或条件才能存在的，本身没有任何质的规定性，只有以空的理法去观察，才能明白它本身就是空的。无常是指世界万有即一切事物和思维概念都是生灭变化无常的。在极乐世界的描述中也提到一些概念本来是不应该有的，只是为了方便众人的理解才不得不做出这样的标记。如众生的命名，就是因"顺余方俗"而来的。无我的概念仍然是缘起理论产生的结果，认为世界上一切事物都没有独立的、实在的自体，没有一个固定的主宰"自我"存在。因而大乘主张人法皆无我的学说，一切事物和现象，按其本性来说都是空的，它们表现出来的相状都是虚幻不实，完全是"性空幻有"。

宝莲佛光第二十一

【经文】

又,众宝莲华周满世界。一一宝华百千亿叶。其华光明,无量种色。青色青光,白色白光,玄黄朱紫,光色亦然。复有无量妙宝百千摩尼,映饰珍奇,明曜日月。彼莲华量,或半由旬,或一、二、三、四乃至百千由旬。一一华中,出三十六百千亿光;一一光中,出三十六百千亿佛,身色紫金,相好殊特。一一诸佛,又放百千光明,普为十方说微妙法。如是诸佛,各各安立无量众生于佛正道。

【白话】

"还有,极乐世界里遍布着众多的宝莲花。朵朵宝花,片片花叶,交相映衬。那青色的莲花,发出青色的光,白色的花发出白色光,其他玄、黄、朱、紫等色的花也都发出各自的光明。真是色彩斑斓,炫丽夺目。还有无数珍稀宝物,百千摩尼与这些宝莲花相互辉映,那光明亮丽更甚于日月。一眼望去,有的地方在半由旬远的距离之内全是宝莲花,有的地方可多达一、二、三、四乃至百千由旬远的地方。每朵花中,放射出三十六百千亿种光;每一种光中,又示现出三十六百千亿位佛,佛身呈紫色金身,相貌端庄,更是无与伦比。每一位佛,又放射出百千光明,广为十方世界演说微妙佛法。这样众多的佛,每位都是通过演说微妙佛法,使众生归于佛法的正确之路上来的。"

【说明】

与前节经文中的菩提宝树一样,莲花也是佛教中备受注目的圣物。释迦牟尼佛踩向地面的第一步就是踏在这洁白无染的莲花之上的。所谓步步为莲的意思正意味着佛法的处处无染。

决证极果第二十二

【经文】

复次,阿难,彼佛国土,无有昏暗、火光、日月、星曜、昼夜之象,亦无岁月劫数之名,复无住著家室。于一切处,既无标式名号,亦无取舍分别。唯受清净最上快乐。若有善男子、善女人,若已生,若当生,皆悉住于正定之聚,决定证于阿耨多罗三藐三菩提。何以故?若邪定聚及不定聚,不能了知、建立彼因故。

【白话】

"再有,阿难,阿弥陀佛的国土之中,没有昏暗、火光、日月、星辰以及昼夜等现象,也没有岁月、劫数这些时间的概念,更没有对家庭的执着。无论什么地方,既没有标志名称,也没有取舍分别的行为,惟一享有的就是清净之心所生发的最无上的快乐。若有善男信女,或是过去往生极乐净土的,或是在将来要往生极乐净土的,全都在以正确的方式积累功德,这是正定之聚,注定要悟得无上正等正觉。为什会呢?因为如果是处在邪正聚或不定聚之中,那么必定不明白正确的修行方式以及积功聚德的作用。"

【说明】

此节经文中,可以观见大乘佛经不仅否认了空间的存在,而且否认了时间的存在,否认了世间一切事物的区别,因而处处应该是"无标式名号,亦无取舍分别"的。

十方佛赞第二十三

【经文】

复次,阿难,东方恒河沙数世界,一一界中如恒沙佛。各出广长舌相,放无量光,说诚实言,称赞无量寿佛不可思议功德。南、西、北方恒沙世界,诸佛称赞亦复如是。四维上下恒沙世界,诸佛称赞亦复如是。何以故?欲令他方所有众生闻彼佛名,发清净心,忆念受持,归依供养,乃至能发一念净信,所有善根,至心回向,愿生彼国。随愿皆生,得不退转,乃至无上正等菩提。

【白话】

"还有,阿难,在东方,有像恒河的沙子一样多的世界,每一个世界中又有与恒河沙数一样多的佛,各长出广大舌相,放射出无量的光芒,他们总是讲诚实可信的话语,称赞无量寿佛不可思议的功德。南、西、北三方诸多世界中的各佛也是这样的,他们也同样称赞无量寿佛不可思议的功德。四维上下各个方向世界中的佛也是这样的。为什么呢?因他们都想让其他世界中的一切众生闻听到无量寿佛的名号,发清净心,忆念受持,皈依供养,乃至能发心愿,并坚定这一心愿,做所有往生极乐世界所需的功德,至心回向,一心向往极乐世界。这样修行的众生,一定能随其意愿,得到往生,并继续修行,得到不退转的阿惟越致果位,直至成就无上正等正觉的佛的智慧。"

【说明】

法藏比丘第十七个誓愿诸佛称叹愿终于如愿以偿,这节经文就是对这个誓愿的详细述说。

三辈往生第二十四

【经文】

佛告阿难：十方世界诸天人民，其有至心愿生彼国，凡有三辈。其上辈者，舍家弃欲，而作沙门，发菩提心，一向专念阿弥陀佛，修诸功德，愿生彼国。此等众生，临寿终时，阿弥陀佛与诸圣众现在其前，经须臾间，即随彼佛往生其国。便于七宝华中自然化生。智慧勇猛，神通自在。是故，阿难！其有众生欲于今世见阿弥陀佛者，应发无上菩提之心，复当专念极乐国土。积集善根，应持回向，由此见佛，生彼国中。得不退转，乃至无上菩提。

其中辈者，虽不能行作沙门，大修功德。当发无上菩提之心，一向专念阿弥陀佛。随己修行，诸善功德。奉持斋戒，起立塔①像，饭食沙门，悬缯然灯，散华烧香，以此回向，愿生彼国。其人临终，阿弥陀佛化现其身，光明相好，具如真佛，与诸大众前后围绕，现其人前。摄受导引，即随化佛往生其国。住不退转，无上菩提。功德智慧次如上辈者也。

其下辈者，假使不能作诸功德，当发无上菩提之心，一向专念阿弥陀佛。欢喜信乐，不生疑惑，以至诚心，愿生其国。此人临终，梦见彼佛，亦得往生，功德智慧，次如中辈者也。若有众生住大乘者，以清净心，向无量寿，乃至十念，愿生其国。闻甚深法，即生信解，乃至获得一念净心，发一念心念于彼佛。此人临命终时，如在梦中见阿弥陀佛，定生彼国，得不退转无上菩提。

【注释】

①塔：佛教的一种重要建筑类型，起源于印度，用于保存佛舍利和经卷等。汉译名有20多种，如"窣堵波"、"浮屠"、"佛图"、"圆冢"、"偷婆"等。"塔"字则首见于葛洪《字苑》。

相传释迦牟尼圆寂后，其舍利被八个国王分别取去建塔供奉。塔的形状类似覆钵，上立刹杆，外围栏楯，信徒环绕以作巡礼。另一种形式是"支提"或译"制底"式，凿窟而建，内无舍利。这种形式传到中国后，发展形成了石窟寺。而埋藏舍利的"窣堵波"式塔，与中国原有的楼阁式建筑相结合，形成了中国式的寺塔。不论有无舍利，均称为舍利塔。

塔的层数一般都是单数，一、三、五、七、九、十一、十三等。塔的类型，从平面划分，有方形、圆形、多边形（六边、八边或十二边）；从艺术造型和结构形式可分为楼阁式塔、密檐式塔、亭阁式塔、覆钵式塔、金刚宝座式塔、过街塔及塔门、宝箧印经塔等。形式众多。塔的构造一般是：地宫（埋藏石函舍利及各类陪葬器物、经书、佛像等）；塔基；塔身；塔刹。塔的质地有木制、砖石、金属等。

塔的位置最初在中国寺院中是处于中心地位的，唐代开始逐步发展为以佛殿为中心，塔被建于寺旁或寺后，还有的更另建塔院。

【白话】

释迦牟尼佛对阿难说："十方世界诸天众生，凡是诚心誓愿往生极乐世界的，大致可分为三种人。上等的往生者是抛弃任何世俗的欲望，出家做沙门，发菩提心，一心专念阿弥陀佛的名号，修行积聚各种功德，以求往生的人。这等人在寿终的时候，阿弥陀佛和西方极乐世界的诸多圣众会出现在他面前，片刻的功夫就会被他们带往极乐世界之中，在七宝莲池中自然化生。从此，他便具有了智慧勇猛、神通自在的特性。所以，阿难，众生若想在今世见到阿弥陀佛的话，应发无上菩提之心，并一心一意专心诚念西方极乐世界，积累善根，并以自己的功德回向众生，这样，就能见到阿弥陀佛，往生他的极乐世界，并从此得到阿惟越致不退转的果位，直至最后成佛。

"中等的往生者是：不能出家做沙门，大修功德的人。但他们却发有寻求佛教真理的菩提之心，一心诚念阿弥陀佛的名号；随自己的能力而修行及做功德；奉持斋戒；建造佛塔、佛像；以饭食供养出家僧众；在佛殿前悬挂彩幡，燃烧灯烛、散花烧香；又以这些功德回向众生，誓愿往生极乐世界。这等人临终之时，阿弥陀佛便会变化示现其妙好之身，光明相貌与真实无别，极乐世界诸多众人围绕在这化身佛左右，出现在这等人面前，接纳导引，立刻便随阿弥陀佛往生西方极乐世界。从此，便能得到阿惟越致不退转的果位和正等正觉果位。但这等人的功德智慧要低于上等人的功德智慧。

"第三种人是下等人，假使不能像中等的往生者一样行诸功德，但能发求取佛教真理之心，一心一意诚念阿弥陀佛的名号，对阿弥陀佛始终保持欢喜、信仰、爱乐，毫无怀疑的感情，以至诚之心要求往生西方极乐世界的人。这等人临终之时，便能够梦见阿弥陀佛，得以往生西方极乐净土之国。但所有的功德、智慧又不如中等的往生者。

"如果众生只在修习大乘菩萨道，没有修习净土业的，只要以他的清净之心，至心回向无量寿佛，那么他可以将无量寿佛的名号念上十遍,并发愿往生极乐世界。这样的人听闻了奥妙的佛法之理后,便会产生信仰和理解之心,及至获得一心专念阿弥陀佛的净土之心。如果他用这一心专念的净心,诵念阿弥陀佛的名号,那么,在他临终的时候,如同在梦中一样,见到阿弥陀佛,并将他接引往生到西方净土世界之中,得到不退转果位,直至证得无上正等正觉果位。"

【说明】

三辈往生之说点明了众生的信修两个重要内容,其中对阿弥陀佛应该保有的至诚心、深信心和回向发愿心更是必不可少。而作为净土宗所依据的重要经典之一的《无量寿经》所提出的"持名念佛"的观点,也是区别于其他佛教派别的一个重要方面。智颛在其所著《五方便念佛门》中总结念佛法门为五门:"第一称名往生念佛三昧门,第二观想灭罪念佛三昧门,第三诸境惟心念佛三昧门,第四心境俱离念佛三昧门,第五性起圆通念佛三昧门。"称名往生念佛三昧门是众生口中称念阿弥陀佛名号,心中誓愿往生彼佛国土,这正是本节经文中所涉及的内容。《文殊般若经》中说称名念佛应是在空闲处,舍离乱境,不取相貌,一心专念一佛名号。持名念佛必须在诚心信佛、愿求往生的基础上进行。智颛在解释持名念佛三昧时也说:"口称南无阿弥陀佛,心必愿生彼国。"

对该节经文中提出的,众生在诵念阿弥陀佛名号时,必须诵念十遍的问题(即所谓"十念"之说),各家解说不一。这在前面第六部分发大誓愿一节已做了说明,我们可以参照理解。

念佛的目的是愿求往生极乐世界,随众生善根功德的不同,往生的程度也有了上、中、下三等之别。这在另一部净土经典《观无量寿经》中也提到了。本经中的上品是具修福慧,中品是但能修福，下品是但发心而已。在《观无量寿经》中下品下生还包括了造五逆罪的人，这点与本经不同。历来释经家对此亦作过解释，认为《观无量寿经》所说是观法，体现的是如来的悲愿；而《无量寿经》则着重讲述众生的信修，这是二者所不同的地方。

往生正因第二十五

【经文】

复次,阿难,若有善男子、善女人①闻此经典,受持、读诵、书写供养,昼夜相续,求生彼刹。发菩提心,持诸禁戒,坚守不犯,饶益有情,所作善根悉施与之,令得安乐,忆念西方阿弥陀佛及彼国土。是人命终,如佛色相,种种庄严,生宝刹中,速得闻法,永不退转。

复次,阿难:若有众生欲行彼国,虽不能大精进禅定,尽持经戒,要当作善。所谓一不杀生,二不偷盗,三不淫欲,四不妄言,五不绮语,六不恶口,七不两舌,八不贪,九不瞋,十不痴。如是,昼夜思维极乐世界阿弥陀佛,种种功德、种种庄严,志心归依,顶礼供养。是人临终,不惊不怖,心不颠倒,即得往生彼佛国土。

若多事物,不能离家,不暇大修斋戒,一心清净,有空闲时,端正身心。绝欲去忧,慈心精进。不当瞋怒、嫉妒;不得贪饕、悭惜;不得中悔;不得狐疑,要当孝顺,至诚忠信。当信佛经语深,当信作善得福。奉持如是等法,不得亏失。思维熟计,欲得度脱。昼夜常念,愿欲往生阿弥陀佛清净佛国。十日十夜,乃至一日一夜不断绝者,寿终皆得往生其国,行菩萨道。诸往生者,皆得阿惟越致,皆具金色三十二相,皆当作佛。欲于何方佛国作佛,从心所愿,随其精进早晚，求道不休，会当得之，不失其所愿也。阿难，以此义利故，无量无数不可思议无有等等无边世界诸佛如来，皆共称赞无量寿佛所有功德。

【注释】

①善男子、善女人：原指佛教的"四众"弟子，即出家男女二众和在家男女二众。这里泛指一切归信佛教的男女众生。

【白话】

"再有，阿难，若有善男信女闻听了这部《无量寿经》，对经中的要理领受在心，持久不忘，读诵书写以此供养它，日夜不中断对往生极乐世界的想往、信念，为此而发下求取佛法真理之道的菩提之心，并持守诸种禁戒，坚守不犯，对有情众生乐善好施，将自己所修的一切功德善根，全部毫无保留地施予众生，让他们得到安乐，并像他那样也发下忆念西方阿弥陀佛及其国土的愿心。那么，当这个人临终的时候，其容貌将会像佛一样，具有三十二种大人相、八十种好，真金色身。种种庄严，出现在他的房舍之中，使他得以闻听佛法之理，得皈依永不退转。

"再有，阿难，如果众生有欲往生极乐世界的，虽然在禅定的修行方面没有取得大的进步，但他始终遵守经中的戒律，尽力做善事，即所谓的一不杀生，二不偷盗，三不淫欲，四不说假话，五不说奉承话，六不恶语伤人，七不搬弄是非，八不贪得无厌，九不生气愤怒，十不痴心妄想。做到这些之后，还要昼夜思念极乐世界的种种神圣庄严以及阿弥陀佛的功德无量，诚心发心皈依，虔敬供养礼佛。那么，临终的时候，这个人就不会惊恐害怕，心里清楚明白而不是迷迷糊糊，便能往生西方阿弥陀佛的佛国净土。

"如果有的人有许多的俗事缠身而不能出家修行功德，也无暇大修斋戒来使身心达到清净无忧的境界，那么，他在有空闲的时候，可以端正身心，断绝一切世俗的欲念干扰，以慈善之心勇猛精进；不生愤怒、憎恨、嫉妒之心；不贪婪悭吝；不能中途翻悔；不得猜疑；要孝顺父母；诚心诚意忠于国家；相信佛经所说的含义精深的道理，相信行善得福的因果报应之说。毫无减损亏失地做到这些，诚心思索解脱的方法，昼夜诵念阿弥陀佛的名号，时时发愿往生极乐世界，十天十夜或一天一夜不停者，在他临终的时候，便能往生极乐世界。

"这些修行菩萨道而往生极乐世界的人，都能得到阿惟越致不退转果位。在修习之中永不退转，都可获得黄金色身以及佛的三十二种大人相，而且都能成佛。想在哪个佛国做佛，都能随其心愿。随其修行程度的不同，那么成佛的时间也就不同。但只要精进努力修行，不停止，就一定能得到佛果，完成各自的宿愿。

"所以，阿难，由于这个往生法门能带给众生这么多的实际利益，使得那无量无数、不可想象、不可言谈、没有等级差别的无边世界中的诸佛如来，都共同称赞无量寿佛所有的功德。"

【说明】

此段经文仍可看做是对前段三辈往生的一个补充说明。完全将世俗世界众生都涵盖在往生者的行列中了，这样，使净土的理论更容易得到全社会各阶层的拥护，为净土理论的广泛传播打下了基础。

礼供听法第二十六

【经文】

复次，阿难：十方世界诸菩萨众，为欲瞻礼极乐世界无量寿佛，各以香华、幢幡、宝盖往诣佛所，恭敬供养，听受经法，宣布道化，称赞佛土功德庄严。尔时世尊即说颂①曰：

东方诸佛刹，数如恒河沙；
恒沙菩萨众，往礼无量寿。
南西北四维，上下亦复然；
咸以尊重心，奉诸珍妙供。
畅发和雅音，歌叹最胜尊；
究达神通慧，游入深法门。
闻佛圣德名，安隐得大利；
种种供养中，勤修无懈倦。
观彼殊胜刹，微妙难思议；
功德普庄严，诸佛国难比。
因发无上心，愿速成菩提；
应时无量尊，微笑现金容。
光明从口出，遍照十方国；
回光还绕佛，三匝从顶入。
菩萨见此光，即证不退位；
时会一切众，互庆生欢喜。

佛语梵雷震,八音②畅妙声;
十方来正士,吾悉知彼愿。
志求严净土,受记当作佛;
觉了一切法,犹如梦幻响。
满足诸妙愿,必成如是刹;
知土如影像,恒发弘誓心。
究竟菩萨道,具诸功德本;
修胜菩提行,受记当作佛。
通达诸法性,一切空无我;
专求净佛土,必成如是刹。
闻法乐受行,得至清净处;
必于无量尊,受记成等觉。
无边殊胜刹,其佛本愿力;
闻名欲往生,自致不退转。
菩萨兴至愿,愿己国无异;
普念度一切,各发菩提心。
舍彼轮回身,俱令登彼岸;
奉事万亿佛,飞化遍诸刹。
恭敬欢喜去,还到安养国。

【注释】

① 颂:即"偈"。

② 八音:《梵摩喻经》中载为:"最好声,其声哀妙;二易了声,言辞辨了;三调和声,大小得中;四柔软声,其声柔软;五不误声,言无错失;六不女声,其声雄朗;七尊慧声,言有威肃

而世尊重,有慧人声;八深远声,其声深远,犹如雷震。"

【白话】

"再有,阿难!十方世界的诸位菩萨,为了想瞻仰礼拜极乐世界的无量寿佛,各人都持香花、幢幡、宝盖,前往西方极乐世界阿弥陀佛的住处,恭敬地供养他,聆听、接受他所讲授的经法,称赞极乐世界的功德庄严,传布他们所听闻的佛法大道。"

在讲述了阿弥陀佛及西方极乐世界的无量功德、庄严神圣之后,释迦牟尼佛接着便说了一颂:

东方诸佛刹,数如恒河沙;
恒沙菩萨众,往礼无量寿。
南西北四维,上下亦复然;
咸以尊重心,奉诸珍妙供。
畅发和雅音,歌叹最胜尊;
究达神通慧,游入深法门。
闻佛圣德名,安隐得大利;
种种供养中,勤修无懈倦。
观彼殊胜刹,微妙难思议;
功德普庄严,诸佛国难比。
因发无上心,愿速成菩提;
应时无量尊,微笑现金容。
光明从口出,遍照十方国;
回光还绕佛,三匝从顶入。
菩萨见此光,即证不退位;
时会一切众,互庆生欢喜。
佛语梵雷震,八音畅妙声;
十方来正士,吾悉知彼愿。

志求严净土，受记当作佛；
觉了一切法，犹如梦幻响。
满足诸妙愿，必成如是刹；
知土如影像，恒发弘誓心。
究竟菩萨道，具诸功德本；
修胜菩提行，受记当作佛。
通达诸法性，一切空无我；
专求净佛土，必成如是刹。
闻法乐受行，得至清净处；
必于无量尊，受记成等觉。
无边殊胜刹，其佛本愿力；
闻名欲往生，自致不退转。
菩萨兴至愿，愿己国无异；
普念度一切，各发菩提心。
舍彼轮回身，俱令登彼岸；
奉事万亿佛，飞化遍诸刹。
恭敬欢喜去，还到安养国。

【说明】

此节经文以偈颂的形式，首先赞叹阿弥陀佛，其次赞叹他的极乐世界。并再次将前经文中所讲述的众生应做的功德加以强调说明，以供养佛、发愿心、勤修行、通法性概括这些功德，只有这样方可往生极乐世界。

歌叹佛德第二十七

【经文】

佛语阿难：彼国菩萨承佛威神，于一食顷，复往十方无边净刹，供养诸佛。华香幢幡，供养之具，应念即至，皆现手中。珍妙殊特，非世所有，以奉诸佛及菩萨众。其所散华，即于空中合为一华。华皆向下，端圆周匝，化成华盖，百千光色，色色异香，香气普薰。盖之小者，满十由旬。如是转倍，乃至遍覆三千大千世界。随其前后，以次化没。若不更以新华重散，前所散华终不复落。于虚空中共奏天乐①，以微妙间歌叹佛德。经须臾间，还其本国。都悉集会七宝讲堂。无量寿佛则为广宣大教，演畅妙法。莫不欢喜，心解得道。即时香风吹七宝树，出五音声。无量妙华随风四散，自然供养，如是不绝。一切诸天皆赍百千华香、万种伎乐②，供养彼佛及诸菩萨。声乐之众，前后往来，熙怡快乐。此皆无量寿佛本愿加威，及曾供养如来，善根相续，无缺减故，善修习故，善摄取故，善成就故。

【注释】

① 天乐：佛教传说中来自天空的神乐。
② 伎乐：由乐人演奏的音乐，用以供养诸佛及菩萨。

【白话】

释迦牟尼佛继续对阿难说:"西方极乐世界的诸位菩萨,由于仰承着阿弥陀佛的神威之力,也能在一顿饭的时间里,来往于十方世界的无边净土之中,供养这些佛国的众位佛。他们供养佛所用的花、香、幢、幡等供品,都会随着他们的意愿,出现在他们的手中。那些供品之珍奇、美妙、奇特、非凡,都不是世间所有的。他们洒下的花瓣,在空中便会聚成一朵鲜花,这些鲜花的花心都向下张开,顶部浑圆,聚成一个大华盖,华盖放射出百千种光芒,汇聚着百千种色彩,每种色彩又各散发出奇异不同的香气,那香气熏染着整个极乐世界。那小的华盖有十由旬大,大的华盖则是它的一倍或数倍,乃至大得可以覆盖三千大千世界。所有这些花随着落下来的先后顺序依次隐没,如果不重新洒下新的花瓣,那么前面所洒下的花瓣是不会落下的,飘飘洒洒,悬浮在虚空之中。菩萨们在虚空中伴随着美妙的天乐,歌颂佛的大功德。只需片刻的时间,菩萨们便又返回到了极乐世界之中,全部聚积在七宝讲堂,聆听无量寿佛为他们所作的演说。菩萨们听闻了他的佛法演说之后,莫不欢欣鼓舞,自心开解,得悟圣道。每当这时,香风便会微微地吹拂七宝圣树,发出五种柔美和谐的音乐之声,无数神奇美妙的鲜花便随风飘散,自然供养于佛。这样的情景,总是循环不间断地进行着。一切的诸天圣众,全都捧着百千种鲜花和妙香,演奏出万种伎乐,供养无量寿佛及佛国中的菩萨们。众人们前后往来,熙熙攘攘,充满了欢欣、快乐之感。这些都是因为无量寿佛的本愿功德施予众生的缘故,也是因为诸圣众在过去世中曾诚心诚意地供养过佛,其所积累的功德善根延续下来,在极乐世界中不曾缺损减少,并一一得到回报的缘故;是圣众善于修习、善于摄取、善于成就的缘故。"

【说明】

本节经文描述极乐世界中的众位菩萨对其他十方世界诸佛的供养情景,他们能够在一顿饭的时间里,供养众多的佛,做众多的功德,仍然是因为阿弥陀佛功德转让的缘故,是对阿弥陀佛功德的再次赞颂。

大士神光第二十八

【经文】

佛告阿难：彼佛国中，诸菩萨众，悉皆洞视彻听八方、上下、去来、现在之事。诸天人民以及蜎飞蠕动之类，心意善恶，口所欲言，何时度脱，得道往生，皆豫知之。又，彼佛刹诸声闻众，身光一寻，菩萨光明，照百由旬。有二菩萨最尊第一，威神光明，普照三千大千世界。

阿难白佛：彼二菩萨其号云何？

佛言：一名观世音，一名大势至①。此二菩萨于娑婆界②修菩萨行，往生彼国，常在阿弥陀佛左右。欲至十方无量佛所，随心则到。现居此界，作大利乐。世间善男子、善女人若有急难恐怖，但自归命观世音菩萨，无不得解脱者。

【注释】

① 大势至：梵文 Mahāsthāmaprāta 的意译，音译"摩诃那钵"；简称"势至"、"大势"，另译"得大势"。菩萨名，是阿弥陀佛的右胁侍，与阿弥陀佛及其左胁侍观世音合称"西方三圣"。

② 娑婆界：即娑婆世界，指释迦牟尼所教化的现实世界。"娑婆"，梵语作 sahā，意为"忍土"，亦译"秽土"。此土中众生安忍三毒烦恼，刚强难化，故名。

【白话】

释迦牟尼佛对阿难说:"在阿弥陀佛的极乐世界中,众位菩萨都能彻底洞察、全面闻听到来自八方上下过去现在的一切事情。对于诸天人民以至于飞蝇爬虫之类心意的善恶,口中想说之事,以及何时能够得以解脱苦海,何时能够往生极乐世界等事情,他们能一清二楚。还有,在阿弥陀佛世界中的那些声闻弟子,身上发出的光芒,能照到一由旬之远的地方;而菩萨的光芒,则可照亮百由旬远的地方。其中有两位是最为至尊的,他们的威严神光能够普照三千大千世界。"

阿难听了,问道:"那两位菩萨的名号叫什么呢?"

释迦牟尼佛回答说:"一位名叫观世音菩萨,另一位名叫大势至菩萨。这两位菩萨曾经在娑婆世界中修习菩萨行,往生极乐世界之后,便伴随在阿弥陀佛的左右。如果他们想到其他十方世界诸佛居住的国土去的话,都会随心而至的。现在他们就居住在我们所居住的娑婆世界之中,为十方人民作示范,教化他们往生净土。世间的善男信女们一旦有危急、困难、恐怖之事,只要一心将自己的性命归附于观世音菩萨,没有不立刻便得到解脱的。"

【说明】

从此节经文中我们可以知道观世音、大势至菩萨的身世了。

愿力宏深第二十九

【经文】

复次。阿难:彼佛刹中,所有现在、未来一切菩萨,皆当究竟一生补处。唯除大愿,入生死界,为度群生,作师子吼。擐大甲胄,以宏誓功德而自庄严。虽生五浊恶世,示现同彼。直至成佛,不受恶趣。生生之处,常识宿命。

无量寿佛,意欲度脱十方世界诸众生类,皆使往生其国,悉令得泥洹①道。作菩萨者,令悉作佛。既作佛已,转相教授,转相度脱。如是辗转,不可复计。十方世界声闻、菩萨,诸众生类,生彼佛国,得泥洹道,当作佛者不可胜数。彼佛国中常如一法,不为增多。所以者何?犹如大海为水中王,诸水流行都入海中,是大海水宁为增减?八方上下,佛国无数,阿弥陀国长久广大,明好快乐,最为独胜。本其为菩萨时求道所愿,累德所致。无量寿佛,恩德布施八方上下,无穷无极,深大无量,不可胜言。

【注释】

① 泥洹:即涅槃。梵文 Nivāna 的音译,又作"泥曰"。意译为"灭"、"灭度"、"寂灭"。

【白话】

"再有，阿难，在阿弥陀佛的西方极乐世界中，所有现在、未来的一切菩萨，都将最终达到'一生补处'的候补佛位。惟独除去那些发下宏大誓愿，自愿重入生死世间，为解脱众生而不倦地说法的菩萨们。这些菩萨们以自己的誓愿为铠甲，在世间演说佛法，并在为自己宏大的誓愿而做的修行功德中使自身得以神圣庄严。虽然他们身处五浊恶世之中，而且示现出来的色身也同世俗之人无所区别，但从修行直至成佛的这段时期里，他们却不会堕入地狱、饿鬼、畜生这样的恶趣循环之中。置身于现在世界之中，却知道过去将来的宿命。

"无量寿佛总想将十方众生度离生死之苦，使他们全部往生西方极乐世界，得到涅槃寂静、无忧无恼的境界。凡是在他那里修行功德圆满，做了菩萨的人，他就会让他们成佛。成了佛的人，他又让他们返回世间去教导众生，去度脱众生。就这样，新成之佛，复度众生，众生成佛，又度众生，循环往复，没有尽期，所度之人无可数计。十方世界的声闻弟子、菩萨，以及诸众生们，往生无量寿佛的极乐世界，得涅槃之道，将要成就佛位的人多得不可胜数。

"西方极乐世界是一个寂静而圆融的整体，这个整体本身毫不会有任何的增减。这是为什么呢？正如我们所知道的大海吧，它可算作是水中之王了，诸川归流都汇入了大海之中，就大海而言，它的海水难道因此而有所增减吗？八方上下的佛国世界是无以数计的，而只有阿弥陀佛的极乐世界是遥远悠久、广袤无边、清净光明、美好庄严、众生快乐、独一无二的。这都是因为阿弥陀佛原来做菩萨时修道求得大愿，在无量劫的时间内积累功德所带来的结果。无量寿佛将他所积累的这种功德普施于十方世界之中，使宇宙间的各个角落都得到他的恩泽。他的功德可谓深广宏大，无可计量。难以言尽。"

【说明】

此节经文再次体现了大乘佛教普度众生以及功德承转的理论。

菩萨修持第三十

【经文】

复次,阿难:彼佛刹中一切菩萨,禅定、智慧、神通、威德,无不圆满。诸佛密藏,究竟明了。调伏诸根,身心柔软。深入正慧,无复余习。依佛所行,七觉①圣道②。修行五眼③,照真达俗。肉眼简择,天眼通达,法眼清净,慧眼见真,佛眼具足、觉了法性。

辩才总持,自在无碍。善解世间无边方便,所言诚谛,深入义味。度诸有情,演说正法。无相无为④,无缚无脱。无诸分别,远离颠倒。于所受用,皆无摄取。遍游佛刹,无爱无厌。亦无希求、不希求想,亦无彼我违怨之想。何以故?彼诸菩萨于一切众生,有大慈悲利益心故。舍离一切执着,成就无量功德。以无碍慧,解法如如⑤。善知集灭⑥音声方便。不欣世语,乐在正论。

知一切法,悉皆空寂。生身烦恼,二余俱尽。于三界中,平等勤修,究竟一乘,至于彼岸。决断疑网,证无所得。以方便智,增长了知。从本以来,安住神通。得一乘道,不由他悟。

【注释】

①七觉:指七觉支,是达到佛教觉悟的七种次第或七种智慧。

三十七道品之一类，亦作"七觉分"、"七等觉支"、"七觉意"、"七菩提分"。"觉支"是梵文 sambodhi-aṅga 的意译。据《杂阿含经》卷二十六等记述，七觉支包括：(1) 念觉支：忆念佛法不忘；(2) 择法觉支：根据佛法标准，用智慧去辨别诸法的真伪善恶，达到去伪存真；(3) 精进觉支：努力修行，坚持不懈；(4) 喜觉支：由于精进而得以悟善法，心中遂生喜悦；(5) 猗觉支：也称"轻安觉支"，由于断诸烦恼，从而使身心安适愉快；(6) 定觉支：使心专注一境而不散乱，思悟佛法，"贪忧灭"；(7) 舍觉支：舍弃一切分别，用佛教观点平等待物，心无偏颇。

②圣道：指八正道。亦译"八圣通"、"八支正道"、"八圣道分"。三十七道品之一类。意谓达到佛教最高理想境地(涅槃)的八种方法或途径，包括：(1) 正见，正确的见解，亦即坚持佛教四谛的真理；(2) 正思维，又称正志，正思，即根据四谛的真理进行思维、分别；(3) 正语，即说话要符合佛陀的教导，不说妄语、绮语、恶口、两舌等违背佛陀教导的话；(4) 正业，正确的行为，即合乎佛教要求的行为，不做杀生、偷盗、邪淫等恶行；(5) 正命，按佛教的戒律规定，正当合法地生活；(6) 正精进，亦作正方便，即修行，不懈怠，以达到涅槃境界；(7) 正念，念念不忘佛教真理；(8) 正定，专心致志地修习佛教禅定，于内心静观四谛真理，以进入清净无漏的境地。

③五眼：指下句所说的肉眼、天眼、法眼、慧眼、佛眼。凡夫所见为肉眼，天人禅定所见为天眼，小乘照见真空之理为慧眼，菩萨照见普度众生的一切法门为法眼，佛陀所具种种眼而照见中道实相为佛眼。

④无为：梵文 Asamskṛta 的意译，亦称"无为法"。与"有为"相对。它是无造作的，不依因缘和合而成的，无生灭变化的绝对存在。原是"涅槃"的异名，部派佛教后，又提出数种。部派佛教认为有九种：即择灭无为；非择灭无为；虚空；空无边处；识无

边处；无所有处；非想非非想处；缘起支性（十二因缘之理）；圣道支性（八正道之理）。说一切有部主张"三无为"：虚空无为，择灭无为和非择灭无为；大乘惟识宗提出"六无为"：虚空无为；择灭无为；非择灭无为；不动无为；想受灭无为；真如无为。

⑤ 如如：在佛教中一般有两层含义，其一指诸法皆平等不二的法性理体。"如"是"理"的异名。本经在此处正是这层含义。下面的经文中所谓"从如来生，解法如如"亦是此意。其二指永恒存在的真如。

⑥ 集灭：指四谛中的集谛和灭谛。集谛亦名习谛。集是积聚感召的意思，指一切众生，长期以来因为贪瞋痴的行为，造成的善恶行为这些业因，能感召将来的生死苦果。灭谛亦名尽谛，为息灭、灭尽的意思。将三界之内的烦恼业因以及生死果报全部灭尽，称为灭；也称为脱生死。从此不再受三界内心的生死苦恼，达到涅槃寂静的境界，即为解脱。

【白话】

"再有，阿难，阿弥陀佛的极乐世界中的所有菩萨，他们的禅定、智慧、神通、威德，无不具足圆满。连诸佛所演说的深奥玄秘的陀罗尼法，也都研究得透彻深入，没有不明了通达的。他们以这些深奥玄妙的佛法来规范自己的言行，在身、口、意诸多方面都不失察，使身心随顺柔软，深入到真实无误的智慧之中，任何烦恼都不会有残留的余地。他们能够按照阿弥陀佛的教化，进行达到佛教智慧的七种修行，即修习念觉支、择法觉支、精进觉支、喜觉支、猗觉支、定觉支和舍觉支。进行达到佛教最高理想境界（涅槃）的八种方法的修行，包括修行正见、正思维、正语、正业、正命、正精进、正念和正定。进行佛德五眼即肉眼、天眼、法眼、慧眼和佛眼的修行。以此照见诸法实相，洞达品类万物，

'肉眼'见到的很有限，仅能见到眼前世，并以此来做出善恶的宿业择别；'天眼'能见远近、前后、内外、上下种种色相，通达事物现象；'法眼'能见众生欲性、心念及诸佛法，得清净之道；'慧眼'能除相无相有，见到'真空'不妄；'佛眼'具有了以上四眼的众多功能，对诸法之实性明了而不起分别。

"极乐世界中的各位菩萨，具有最高的辩论才能，自在圆通而没有任何障碍，了解世间一切众生的根性与好恶，而且善能因人而宜、随其机宜，广说佛法。所说之法，诚恳真实，全部都是佛法的精髓，为使世人容易理解，他们常将佛法的深奥义理以浅显的形式讲解出来，济度世间的有情众生。他们所宣讲的佛教真理，无假有之相，无造作之为，无烦恼之缚，无涅槃之想，无法界理体诸多分别，远离了有无执着的颠倒。

"极乐世界中的众位菩萨，对于他们所受用的物品，从不摄取；遍游十方诸佛世界，从不产生喜爱或厌烦的感觉；无所希求，甚至连这个念头也不曾有过；也没有你我的分别，更无亲疏恩怨的计较。为什么会这样呢？是因为众位菩萨对于一切众生，皆怀有大慈悲之心，并以这种心态去使他们受益的缘故。诸位大菩萨全都舍弃了一切执着，成就了无量的功德，用他们所具有的圆通无碍的佛的智慧，解知诸法平等不二的法性理体。把握了四谛真理，以'语言'、'概念'作为他们随机说法的工具，并不是沉溺于自己的雄辩而流畅的语言中，他们所以得到快乐是因为追求到了四谛道理的真实含义。

"菩萨们了解世界一切事物现象，全是不可得的'空寂'本性；他们自身因五蕴和合而生的苦果以及与生俱来的烦恼，都已经泯灭无余了。因此而在欲界、色界、无色界三迷界中，以平等之心修行，探究成佛的惟一正确的道路，从而达到涅槃彼岸。他们断除'怀疑'之网，对佛法深信不疑，证明了'无所得'的空慧；用方便权宜之智，增长了知三乘权化之法。从他们修行，到达到神通的境界，直至最后成就佛果，都不是外界给予的，而是通过他们自身的修行，由自身中油然而生出的。"

【说明】

此段经文主要讲述菩萨的修行之道。大致可分为三个方面：一是修行七觉圣道，二是修行五眼，三是舍离执着。其中七觉圣道当是最重要的，只有对佛法的念念不忘，才能更深入地了知其中的奥秘，得到真谛，从而觉悟。

真实功德第三十一

【经文】

其智宏深，譬如巨海。菩提高广，喻若须弥。自身威光，超于日月。其心洁白，犹如雪山。忍辱如地，一切平等。清净如水，洗诸尘垢。炽盛如火，烧烦恼薪。不著如风，无诸障碍。法音雷震，觉未觉故。雨甘露法，润众生故。旷若虚空，大慈等故。如净莲华，离杂污故。如尼拘树①，覆荫大故。如金刚杵②，破邪执故。如铁围山，众魔外道不能动故。其心正直，善巧决定，论法无厌，求法不倦。戒若琉璃③，内外明洁。其所言说，令众悦服。击法鼓④，建法幢，曜慧日，破痴暗。淳净温和，寂定明察。为大导师，调伏自他。引导群生，舍诸爱著。永离三垢，游戏神通。因缘愿力，出生善根。摧伏一切魔军，尊重奉事诸佛。为世明灯，最胜福田。殊胜吉祥，堪受供养。赫奕欢喜，雄猛无畏。身色相好，功德辩才，具足庄严，无与等者。

常为诸佛所共称赞，究竟菩萨诸波罗蜜，而常安住不生、不灭，诸三摩地。行遍道场，远二乘境。阿难，我今略说，彼极乐界，所生菩萨真实功德，悉皆如是。若广说者，百千万劫不能穷尽。

【注释】

① 尼拘树：即尼拘陀树，梵文 Nyagrodha 的音译，亦译"尼拘律"、"尼拘尼陀"等，意为"生长于下之树"，是榕树的一种。据传释迦牟尼成道后，曾于此树下布法，故被视为圣树。

② 金刚杵：佛教法器。梵文 vajra 的意译，音译"伐折罗"。原为古印度的一种乐器，佛教密宗以之表示智慧坚利，斩断烦恼、降伏恶魔的法器。一般用金、银、铜、铁等金属或木头制成、长八指到十二指、十六指、二十指不等。中间是握把，两端分别有独股、三股、五股、九股等刃头。

③ 琉璃：指蓝色的宝石，为佛家七宝之一。

④ 法鼓：佛教乐器，为佛教法器之一。意寓有三种：一般指佛寺鼓乐，与梵钟并提，有"梵钟法鼓"之说；其次也指设置于法堂中的佛教礼仪之鼓；第三亦用此比喻佛所说的法。

【白话】

"极乐世界的菩萨们智慧宏大深广，就像那宽广深深的大海洋；对佛教真理的觉悟达到了高深广奥的境界，犹如须弥山一样；从他们身上散射出的威严之光，比日月的光芒还要明亮；菩萨们的内心世界纯洁得犹如雪山；菩萨们忍受侮辱、屈辱的精神，犹如承受着世间一切重负的大地一样，默默无闻，但对众生却永远抱着平等之心去对待他们；这种清净之心，犹如清纯之水，洗涤着世间的一切尘垢以及为尘垢所污染的心境；菩萨们的智慧和传法的热情，就像燃烧的火焰一样，烧尽世人的一切烦恼；菩萨们对任何事物从不执着的本性，犹如大风一样，无论什么都不会阻碍他们的行为；菩萨们宣讲佛法的声音，如同雷声，远远传送，震醒世间一切痴迷而未觉悟的人；菩萨们的教法犹如甘露，滋润众生的心田；菩萨们的平等慈悲之心，就像那虚空般广大无边；菩萨们为不舍众生，便将自身置于秽土之中，但其品德却如莲花般出污泥而不染；菩萨们的胸怀犹如尼拘树般宽广，荫庇着众生；菩萨们的智慧锐利犹如金刚杵，能够斩断烦恼、降伏恶魔；菩萨们的坚定的信念犹如铁围山一样坚固，一切外道都不能动摇这一信念；菩萨们的心智，方广正直，善于顺遂机宜，做各种决断，讲论佛经，从不厌倦，追求佛法，不知疲倦；菩萨们按佛法的要求持守戒律，犹如琉璃，表里如一，光明磊落；菩萨们所说之法，使大家心悦诚服；法音震响，犹如击鼓；威德摧邪，犹如建立法幢；智慧遍照，犹如阳光，破除无明造成的各种痴迷，建成无贪无求的纯净心境；其禅定智慧温和，纤毫明察，能入实际之理体；作为大导师，他们能够调服、控制自己和他人的不安之心，引导众生，舍离抛弃诸多爱欲及物质的执着，永远离开贪、瞋、痴三种污垢，游刃于无所不能的神通之中。

"极乐世界的菩萨们因为过去所修的善力功德，故而生出牢不可破的善心，这种善心能够摧毁和降伏一切恶魔大军，并能尊重侍奉诸佛；他们是世间众生的指路明灯，得世间众生的供养，成为世间众生最好的福田。菩萨们具有文殊大士那样的智慧，堪受一切有情众生的供养。他们威光显赫，神采奕奕，内心的喜悦挂在脸上，雄健勇猛，无所畏惧，音容相貌非同一般，又有无量的功德和无碍的雄辩才能，这样的庄严之身，实在找不到能与此相比的了。

"西方极乐世界的各位菩萨们时时得到诸佛共同的称赞。他们处在不生不灭的涅槃正定状态中，却常常探究众菩萨们该做的修行，巡游一切道场，帮助菩萨们远离声闻、缘觉二乘的果位。阿难！我刚才所讲的只是对西方极乐世界中的众位菩萨的真实功德作了简单的述说，如果要广泛而详细地介绍，即使说上百千万个时劫也难以说完啊！"

【说明】

　　此节经文承上节的内容，菩萨们的行修所得到的功德正如本节中佛所说的一样多，无论从菩萨们的内心，还是从外在表现上，我们都能感受到。

寿乐无极第三十二

【经文】

佛告弥勒菩萨、诸天人等：无量寿国声闻、菩萨功德智慧不可称说。又其国土微妙、安乐、清净若此，何不力为善？

念道之自然。出入供养，观经行道，喜乐久习，才猛智慧，心不中回，意无懈时。外若迟缓，内独驶急。容容虚空，适得其中。中表相应，自然严整，检敛端直。身心洁净，无有爱贪。志愿安定，无增缺减。求道和正，不误倾邪。随经约令，不敢蹉跌，若于绳墨，咸为道慕，旷无他念，无有忧思，自然无为，虚空无立，淡安无欲，作得善愿，尽心求索。念哀慈悯，礼义都合。苞罗表里，过度解脱。自然保守，真真洁白。志愿无上，净定安乐。一旦开达明彻，自然中自然相，自然之有根本，自然光色参回，转变最胜。郁单①成七宝，横揽成万物。光精明俱出，善好殊无比。著于无上下，洞达无边际。

宜各勤精进，努力自求之。必得超绝去，往生无量清净阿弥陀佛国。横截于五趣，恶道自闭塞。无极之胜道，易往而无人。其国不逆违，自然所牵随。捐志若虚空，勤行求道德。可得极长生，寿乐无有极。何为著世事，谆谆忧无常。

【注释】

①郁单：即"郁单罗究留"，也称"俱卢"，是佛教所说的四大部洲之中的北方大洲。

【白话】

释迦牟尼佛又对弥勒菩萨及众位在座的天人说道："无量寿佛国中的声闻弟子及众位菩萨们的功德智慧无量，没有办法能够表述得完。无量寿佛国土的奇妙、安乐、清净也同样无法表述完全，你们为什么不勤勉行善，用你们所积聚的功德，回向净土，自然生发往生净土的愿望，由念引导而往生西方极乐世界呢？

"极乐世界的菩萨们及声闻弟子们，随意出入于十方世界，供养诸佛，阅读经书，修行佛事，虽然长期都做这些事情，但他们都非常地喜欢。他们的才智勇猛过人，心中从未有退转的念头，意志没有片刻的松懈怠慢之时；从他们的外表看，显得安闲沉静，而内心却奔腾不息，精进不已。这种心境如同虚空，没有一物又能容下万物，没有边际而又能建立净土，非空非有，正处于不偏不倚的中道之中。声闻弟子及菩萨们的这种中道之心，与他们的外在形象相合相成、自然严整，行为、思想检敛端正，没有贪爱的欲望。他们的志向誓愿从不改变，从无些微的缺减；他们所追求的佛道，平和中正，永远不会误入歧路；他们遵守经中之言教，奉守各种戒律规定，从不放松而致失足逾界，有如木工操作时遵循墨线，循规蹈矩；他们的内心所倾慕的，全是正真至道，旷达深远，丝毫没有任何妄想杂念，没有任何忧虑干扰这一内心；他们自然无为，心志犹如虚空无任何它物，淡泊而安宁，不受任何欲望的干扰；以此结成大愿，便尽心尽力地努力求索，这些极乐世界的菩萨们及声闻弟子们，全都心怀慈悲哀悯之心，遵守世间的礼仪道德，对包罗万象的事物本质有清晰明了的认识，自度度他，解脱生死。他们保守着自然纯洁之心，使它的善性不会受到污染。他们的志向和愿心是高大无上的，住于寂定而安然自适，日积月累，最终会豁然开悟，自然理解自然实相，把握根本的道理。这些声闻、菩萨之心好像神奇的珍宝一样，将自然之光和色相互渗入、往复变化，超过十方的众宝。他们的自然之心，使北方大洲中自然生出七宝，空中自然涌出万物，光明、精妙、明净齐显并现，诸善众好无与伦比。这都是极乐世界会众的净心所生出的，他们的智慧没有上下之分，对事物的洞达之深广可谓无边无际。"

释迦牟尼佛介绍了极乐世界诸众的功德智慧之后，又对大家说："你们应当各自精进勤修，努力自求自身的功德，一定能够超脱轮回的境界，断除生死，往生阿弥陀佛的极乐世界之中。到了那时，你们自然会完全舍弃了娑婆世界的五道轮回，恶道之门自然关闭。那净土法门是最胜之道，虽然很容易往生，但能够做到修行的人却很少。净土佛国毫无逆违往生的性质，使大家能够舍去烦恼，激发长远的志向，勤奋修行，进道增德，便可在净土世界中获得长生不老，和极乐世界的人众一样长寿安乐，生命无有极限。为什么非要贪著世俗的利益，没完没了地烦恼，为世间无常所折磨呢？"

【说明】

此段经文可以归纳为三层意思，其一是佛对西方极乐美妙庄严世界中的众位声闻弟子和菩萨们的功德的总结，以一句反问点明下面佛讲述这一经典的目的，完全是为了让众生往生净土的缘故。接着佛再次将净土世界中菩萨、声闻们不可称说的功德智慧又做了多方面的称说，首先从他们对诸佛的供养，对佛经的研习，其次从他们的表里如一方面，以及精进求索、努力修行方面都做了肯定。最后佛以感叹性的劝勉之词作以归结。这样使佛的劝勉有了强力的说服依据，众生听闻之后，必然会从此获益匪浅。

劝谕策进第三十三

【经文】

世人共争不急之务，于此剧恶极苦之中，勤身营务，以自给济。尊卑、贫富、少长、男女，累念积虑，为心走使，无田忧田，无宅忧宅，眷属财物，有无同忧。有一少一，思欲齐等。适小具有，又忧非常。水火盗贼，怨家债主，焚漂劫夺，消散磨灭。心悭意固，无能纵舍。命终弃捐，莫谁随者。贫富同然，忧苦万端。

世间人民，父子、兄弟、夫妇、亲属，当相敬爱，无相憎嫉。有无相通，无得贪惜。言色常和，莫相违戾。或时心诤。有所恚怒，后世转剧，至成大怨。世间之事，更相患害。虽不临时，应急想破。

人在爱欲之中，独生独死，独去独来，苦乐自当，无有代者。善恶变化，追逐所生。道路不同，会见无期。何不于强健时，努力修善，欲何待乎？

世人善恶自不能见。吉凶祸福，竞各作之。身愚神暗，转受余教，颠倒相续，无常根本。蒙冥抵突，不信经法。心无远虑，各欲快意，迷于瞋恚，贪于财色。终不休止，哀哉可伤！先人不善，不识道德，无有语者，殊无怪也。死生之趣，善恶之道，都不之信，谓无有是。更相瞻视，且自见之。或父哭子，或子哭父。兄弟夫妇，更相哭泣。一死一生，迭相顾恋。忧爱结缚，无有解时。思想恩好，不离情欲，不能深思熟计，专精行道。年寿旋尽，无可奈何。惑道者众，悟道者少。各怀杀毒，恶气冥冥。为妄兴事，违逆天地。恣意罪极，顿夺其寿。下入恶道，无有出期。

若曹当熟思计，远离众恶，择其善者，勤而行之。爱欲荣华，不可常保，皆当别离，无可乐者。当勤精进，生安乐国。智慧明达，功德殊胜。勿得随心所欲，亏负经戒，在人后也！

【白话】

"世间的人们对于那些琐碎的俗事俗物都要计较、争执，在此痛苦不堪的五浊恶世之中，他们所要做的事应该是辛勤劳作，经营生计，以求自给，于痛苦之中寻求快乐。世间的芸芸众生，有尊贵的，有卑微的，有贫穷的，有富贵的，有年幼的，有年长的，有男的，有女的，都因为贪欲之念的长期积累，使他们的内心更加忧虑，从而妄想一切。没有田地的就想得到田地，没有房屋的就想得到房屋，没有家眷财物的就想得到家眷财物。没有的人有所忧苦，已经占有了一切的人仍然还在忧苦，有无同忧。有的人有了一件财物，又觉得太少，还想要两件，得到了两件又觉得两件太少，欲望和获取总是同时增长，但却没有止境。才达到了一些财产，又担心一些非常之事发生，使自己的财产受到损失。比如水灾、火灾、盗贼等等。又害怕冤家的仇杀，债主的催逼。忧惧之中，使清净之心被消磨得一干二净，而悭吝之心却随之增长，越来越顽固，使他们完全被烦恼所束缚，难以弃舍。等到他们死去的时候，所有的财物都不会跟随他们而去，穷人与富人完全是没有区别的，个中忧苦，万端无尽。

"世间的人民，父子、兄弟、夫妇、亲属，应当相互尊敬，和睦相处，不应当互相憎恨、嫉妒；应当互相帮助、救济，不要贪婪吝惜任何财物；互相之间的言谈应当和颜悦色，互尊互敬，不要相互冲撞斗狠；如果一旦产生争吵，心里就会积聚愤恨之气，愈演愈烈，最终必然结成深仇大恨；世间之事，如果总是冤冤相报，更会无完无了，导致双方都受伤害。即便有时报应没有立刻显现出来，还以为自己占了便宜，岂不知因果相生的道理，一旦恶报的时间到来的时候，后悔也来不及了。众生应当想通这个道理，破除恚恨，弃恶从善。

"人沉溺在情爱贪欲之中，独身而来，孤独而死，生死皆无人相伴，苦乐之果报，也会是自作自受，没有谁能替代。善与恶的千变万化，其果报也随之千变万化，追从相随，直到来生来世。每个人在世上所做的事情各不相同，善有善报，恶有恶报，因此生处也就不同，到那时便无从会见，何不趁此强健在世之时，努力修行善道，还要等到什么时候呢？

"世间的人分不清什么是善，什么是恶，因而常常凭借着各自的猜测，去做各种吉凶祸福之事。他们的行为显得非常愚蠢，头脑中昏然一片，不信受经法，反而接受其他的外道邪说，这样的颠倒之见，相续不绝，成为生死轮回的根本动力。就好像被蒙上了双眼，到处乱撞一样，不信受佛教经法，心中便不会考虑长远的事情，而一心只追求眼前的世俗快乐，痴迷于瞋恚愤怒而不自觉，贪恋于财物、女色而不以为然。这种无休止的举动，真是一种悲哀，可怜啊！

"世间之人，其先辈愚痴，不知佛法、不懂道德，不对他的后辈进行教导，世代恶业相袭，以致造成世世作恶受报的结果，这也是没有什么好奇怪的了。

"世间之人，对生死轮回于六道，前生积善，后世得福，前生作恶，后世得恶报的规律都不相信，还以为因果报应是不存在的。更有甚者，看到别人死了却无动于衷，不知道生死之事必然要降临到自己身上。父亲死的时候，儿子哭泣，或儿子死了，父亲哭泣；兄弟、夫妇之间也在死别之时相互哭泣。死去的人和活着的人相互顾恋，难舍难分，这种爱像绳索一样将人们束缚起来，转化成了忧苦，哪里能有解脱的时候呢？想念生前的恩恩爱爱，亲善友谊，其实都是离不开情欲支配的。不能深思熟虑而专心精勤地修行佛道，人生苦短，转瞬即逝，等到年寿将尽的时候，则会感到无可奈何，空发悲叹！

"世间对佛法不理解，迷惑的人很多，醒悟得道的人却很少，各人心中都有损害他人的念头，这种罪恶念头在冥冥之中使一些造恶之人妄生事端，违背天命，恣意作恶，顷刻之间他们的阳寿就会被夺去，下堕于地狱、饿鬼、畜生恶道之中，永无出头之日。

"你们应当深思熟虑，远离各种恶业，选择善事，勤奋苦修。富贵荣华不可能长久地保留，都会离你而去。因而这富贵荣华也就是一种苦，并不是乐。你们应当勤奋精进，求生西方极乐世界。那样，你们的智慧才会明了通达，功德最大。千万不要随心所欲，亏负于经教戒行，落在别人的后面啊！"

【说明】

在上段经文中，释尊对诸菩萨及天人进行了劝勉，本段经文则是针对世间众人的劝勉。劝勉对象的不同，所以劝勉之词切入的角度也各异，这里完全是从人间常见的俗事俗物着眼，从与世人密切相关的身边之事如田地之忧、宅院之忧、财物之忧等逐步剖析，进而指出这些忧虑都是情欲所致，身外之物不能长久地被各人占有，所以不应该执着于此。能与自身同生共死的只有善行所积累的功德，是自身的完善，这样才可以超脱各种束缚，达到净土世界中永生的目的。

心得开明第三十四

【经文】

弥勒白言：佛语教我，甚深甚善。皆蒙慈恩，解脱忧苦。佛为法王①，尊超群圣。光明彻照，洞达无极，普为一切天人之师。今得值佛，复闻无量寿声，靡不欢喜，心得开明。

佛告弥勒：敬于佛者，是为大善。实当念佛，截断狐疑。拔诸爱欲，杜众恶源。游步三界，无所挂碍。开示正道，度未度者。若曹当知，十方人民，永劫以来，辗转五道，忧苦不绝。生时苦痛，老亦苦痛，病极苦痛，死极苦痛，恶臭不净，无可乐者。宜自决断，洗除心垢，言行忠信，表里相应。人能自度，转相拯济。至心求愿，积累善本。虽一世精进勤苦，须臾间耳。后生无量寿国，快乐无极。永拔生死之本，无复苦恼之患。寿千万劫，自在随意。宜各精进，求心所愿，无得疑悔，自为过咎。生彼边地七宝城中，于五百岁受诸厄也。

弥勒白言：受佛明诲，专精修学，如教奉行，不敢有疑。

【注释】

① 法王：释迦牟尼称号之一，意为"佛法之王"。

【白话】

弥勒菩萨说:"佛为了教导我而说的这些道理,非常深刻,非常善妙。我等会众都蒙佛的慈悲恩惠,得到了解脱生死忧苦的佛法要理。佛为法王,超过诸天圣人而为至尊。佛所说之法,光明遍照,洞达无穷。佛是一切有缘众生的导师。能在这里见到佛并闻听佛说法,真是难得,更难得的是听闻到了无量寿佛的极乐世界的情况,大家都欢欣鼓舞,我们的心因此得以彻悟而明了了佛法的真谛。"

释迦牟尼佛告诲弥勒菩萨说:"对佛恭敬的人,是大善之人。他应当念佛,截断狐疑猜忌,拔除各种爱欲,杜绝各种恶意恶念的源头,这样,虽然他奔走于欲界、色界、无色界这三界世间秽土之中,却能无所牵挂,无所障碍。向众生讲解佛法正道,度化还未度化的有情众生。你们应当知道,十方世界的众生,从很久很久以来就辗转往复于天、人、畜生、饿鬼和地狱这五道之中,忧苦不绝,生、老、病、死之苦始终缠绕着他们,身体恶臭而不清净,没有什么可称得上'快乐'的。你们应当自己果敢决断,洗除心中的污垢之处,使自身言行一致,表里如一,相互呼应。

"每一位洗除了污垢、表里如一的人,都能够自行度脱,自己度脱之后,还能再去度脱拯救他人。真心诚意地发下往生西方极乐世界的誓愿,积累功德善本,虽然要用一生的时间去勤奋精进地修行,但一旦得到永生,它就短得犹如片刻之间一样。此生的勤修,只是为了能够得到来生往生西方极乐世界的永生,享受无穷无尽的快乐;能够永远拔除掉生死痛苦的根本恶因,再没有苦恼忧愁的烦忧;能够使寿命长达千万时劫,自在神通,诸事随心所欲。因而你们应当精进修行,一如既往地追求实现西方极乐世界这一愿望。不要怀疑,不要中途反悔,以免自己错过时机,造成罪咎,以至往生时到了西方极乐世界的边地之国,在怀疑佛智的众生聚集的七宝狱中，于五百年的时间内，见不到佛、法、僧三宝，听不见诸经佛法，承受诸多的不幸处罚。"

弥勒菩萨听完了释迦牟尼佛的话后，说："听了佛明确的教诲，我等众人一定要专心修行，精进学习，按佛的教导诚心奉行，不敢生半点疑惑。"

【说明】

本章经文在前两章经文的基础上进一步写出弥勒及诸众天人从佛的劝勉、教诲所获得的教益——心得开明，以及他们对待这种劝勉、教诲的积极态度，即"专精修学，如教奉行，不敢有疑"。

浊世恶苦第三十五

【经文】

佛告弥勒：汝等能于此世，端心正意，不为众恶，甚为大德。所以者何？十方世界善多恶少，易可开化；唯此五恶世间，最为剧苦。我今于此作佛，教化群生，令舍五恶，去五痛，离五烧①，降化其意。令持五善，获其福德。何等为五？

其一者，世间诸众生类，欲为众恶，强者伏弱，转相克贼，残害杀伤，迭相吞啖，不知为善，后受殃罚。故有穷乞、孤独、聋盲、喑哑、疾恶、尪狂，皆因前世不信道德，不肯为善。其有尊贵、豪富、贤明、长者、智勇、才达，皆由宿世慈孝，修善积德所致。世间有此目前现事，寿终之后，入其幽冥，转生受身，改形易道。故有泥犁②、禽兽、蜎飞蠕动之属，譬如世法牢狱，剧苦极刑，魂神命精，随罪趣向。所受寿命或长或短，相从共生，更相报偿。殃恶未尽，终不得离。辗转其中，累劫难出，难得解脱，痛不可言。天地之间，自然有是。虽不即时暴应，善恶会当归之。

其二者，世间人民，不顺法度，奢淫骄纵，任心自恣，居上不明，在位不正，陷人冤枉，损害忠良，心口各异，机伪多端，尊卑中外，更相欺诳，瞋恚愚痴，欲自厚己，欲贪多有，利害胜负，结忿成仇，破家亡身。不顾前后，富有悭惜，不肯施与，爱保贪重，心劳身苦，如是至竟，无一随者。善恶祸福，追命所生，或在乐处，或入苦毒。又或见善憎谤，不思慕及。常怀盗心，希望他利，用自供给，消散复取。神明克识，终入恶道。自有三途，无量苦恼，辗转其中，累劫难出，痛不可言。

其三者，世间人民，相因寄生，寿命几何！不良之人，身心不正，常怀邪恶，常念淫妷，烦满胸中，邪态外逸。费损家财，事为非法，所当求者，而不肯为。又或交结聚会，兴兵相伐，攻劫杀戮，强夺迫胁，归给妻子，极身作乐，众共憎厌，患而苦之。如是之恶，著于人鬼，神明记识，自入三途。无量苦恼，辗转其中，累劫难出，痛不可言。

其四者，世间人民不念修善，两舌、恶口、妄言、绮语，憎嫉善人，败坏贤明；不孝父母，轻慢师长；朋友无信，难得诚实；尊贵自大，谓己有道；横行威势，侵易于人，欲人畏敬；不自惭惧；难可降化，常怀骄慢。赖其前世福德营护；今世为恶，福德尽灭。寿命终尽，诸恶绕归。又其名籍，记在神明，殃咎牵引，无从舍离。但得前行，入于火镬，身心摧碎，神形苦极。当斯之时，悔复何及。

其五者，世间人民徙倚懈怠，不肯作善，治身修业。父母教诲，违戾反逆。譬如怨家，不如无子。负恩违义，无有报偿。放恣游散，耽酒嗜美，鲁扈抵突。不识人情，无义无礼，不可谏晓。六亲眷属，资用有无，不能忧念。不惟父母之恩，不存师友之义。意念、身、口，曾无一善。不信诸佛经法，不信生死善恶。欲害真人，斗乱僧众。愚痴蒙昧，自为智慧。不知生所从来，死所趣向。不仁不顺，希望长生。

慈心教诲而不肯信，苦口与语无益其人。心中闭塞，意不开解。大命将终，悔惧交至。不豫修善，临时乃悔。悔之于后，将何及乎！

天地之间，五道分明。善恶报应，祸福相承。身自当之，无谁代者。善人行善，从乐入乐，从明入明。恶人行恶，从苦入苦，从冥入冥。谁能知者，独佛知耳。教语开示，信行者少。生死不休，恶道不绝。如是此人，难可具尽。故有自然三途，无量苦恼，辗转其中，世世累劫，无有出期，难得解脱，痛不可言！

如是五恶、五痛、五烧，譬如大火焚烧人身。若能自于共中一心制意，端身正念，言行相副。所作至诚，独作诸善，不为众恶，身独度脱，获其福德，可得长寿。泥洹之道，是为五大善也。

【注释】

①五恶、五痛、五烧：违反五戒的恶行称五恶，包括杀生、偷盗、邪淫、妄语、饮酒；由五恶所带来的五种苦果，活着的时候会受到世间法律的制裁，死后便会堕入恶道，称为五痛；苦痛难忍，像火烧身一样，没有解脱之日，故比喻为五烧。本节经文中有详细说明。

②泥犁：即"地狱"。

【白话】

释迦牟尼佛告诉弥勒说："你等能在这个浊世之中，诚心诚意，不做种种恶业，堪称为'大德'。为什么这么说呢？因为在十方诸佛世界之中,善多恶少,容易接受开导教化。惟有这个五恶世间,是'苦'最多的。我现在在这个世间做佛,教化众生,欲使他们舍弃'五恶'、'五痛'、'五烧',降服他们的痴迷之心,让他们持守五善,获得福德。这'五'是指什么呢?

"第一,世间诸众生,想做种种恶事,以强凌弱,更强者又欺凌强者,这样辗转相欺,残害伤杀,大的吞食小的,吞食者又被更大的吞食。不知道相互行善,以后必定受到各种惩罚,遭受果报。因而世间就有贫穷、乞丐,有的无儿女或无父母,有聋子、瞎子、哑巴、痴呆,有的恶毒,有的残废,有的疯狂,这全都是因为前世不信道、不行善、不积德所受到的惩罚。但世间也有人尊贵,有人富贵,有人贤明,有人受众人尊敬,有人智勇双全,有人才能博大精深,这也是由于他们前世慈悲孝顺、修善积德的结果。现实世界有这种可以见到的丑恶行为,因而在寿终之后,便会在冥界转生投胎,重获色身,根据其作恶的轻重,改变原来的形象,以及在五道中轮回的道路,沦陷于更低的位置之中,因而,便有地狱、禽兽、飞蝇、爬虫之类。这就犹如世间的法律一样,对于不同的罪犯便会有不同的判罚,有的关在牢狱之中,有的受到极刑的痛苦。精灵魂魄与其人前生的罪报相从相随,不论他的寿命长短,这种罪报都将伴随其一生,直到前世怨仇清算完毕。如果所做的恶与所遭受的处罚没有一一清算完毕,那么罪报不会离开他,使他辗转往复于恶道之中,经过众多漫长的时劫,他也很难得到解脱,真是痛苦难言。天地之间,因果相应,全都是这样的。即使在短时间内不能见到这种报应,但报应的时候一旦到来,我们就会看到,善因善果,恶因恶果终有了结。

"第二,世间的众生,不依照法规准则行事,奢侈淫乐,骄横放纵,放情纵欲。居于上层的官员贪赃枉法,祸国殃民,在位却不能正己之身,诬陷冤枉他人,陷害忠良,口是心非,投机取巧,虚伪且诡计多端。除了这些上层官员之外,世间无论尊贵的王公贵族、卑贱的奴仆、族中的亲眷家属，还是外界的平民百姓，都是互相欺诈，总想损人利己，占更多的便宜。这样，使他们之间以利相侵，互相算计，结下忿恼，转而化为仇恨，直至最终家破人亡。不顾前因后果的报应法则。世间富有的人，悭吝贪惜，不肯施与他人。爱欲顽固，贪心深重，又操心又劳累身体，就这样一直到死，而所有的财物又不会追随他一同去死。但善恶祸福这种平生之业，却追随着他的一生，随着他的灵魂来到往生之处，或使他在三善道中轮回，或使他陷入三恶道中，总之不会放弃他。再有，有的人见人之善，不是说去学习，而是憎恶诽谤别人，胸中常有侵夺之心，希望以别人的财物供自己享用，享用完了再次去盗取。这当然逃不出神明的眼界，最终会将这人打入恶道之中，使他承受三途恶道的无量苦恼，辗转其中，经历众多时劫也难以解脱出来，痛不可言。

"第三，世间的众生，由于相互之间的业因导果而生于世，其寿命能有多长呢？不良之人，身心不正，常怀邪恶之心，常沉溺于淫欲放纵，烦懑填满胸中，淫邪放荡邪恶的行为逸于外表，所做之事不但使家中产业耗损，而且这些事情还不合法度，违犯法律，必遭恶报。应当追求、奋斗的事，他们却不愿去做。再有，有的人拉帮结伙，兴起兵战相伐之事，互相攻击，杀戮侵掠，以武力胁迫强夺他人之物，将抢夺来的财物拿回去取悦妻妾，不知疲倦地寻欢作乐。世间人众对于这类人憎恶而讨厌，是他们使众人遭受祸害，经历苦难。像这样作恶之人，虽是人形，但却有鬼魅的恶毒，神明将会记着他们的恶行，以他们自身的恶行，在将来的转世之时堕入三恶道中，受到那无边无尽的苦痛的折磨，辗转于三恶道之中，很多时劫不得出来，痛苦不堪言说。

"第四，世间的众生不惦记修善的事，却拨弄是非，言辞粗鄙，说假话、大话，阿谀奉承，憎恨嫉妒善人的才德，败坏贤明之人的名声；不孝顺父母，不尊重师长；对朋友不讲信义，难得以真诚相待；骄傲自大，炫耀自己有道行；横行霸道，仗势欺人，想使大众对自己产生敬畏；不知羞惭，不听劝慰、教化，心中常怀骄横傲慢之心。依靠前世所修的福德的庇护，才未马上受难；于今生今世作恶多端，前世修来的福德终究会被消耗殆尽。在他寿终之时，所作的各种恶业拥着他的魂魄去到冥界，他的恶名和作的恶业，都记录在神明那里，这些恶业和罪过牵引着他，使他不能脱身，只好随着前行，进入到狱火汤镬之中，身心被摧毁，支离破碎，精神和肉体痛苦之至。到了这个时候，他再后悔也来不及了。

"第五，世间的众生不知努力，总是松懈懒散，不肯做善行，也不肯修身养性。父母教诲儿女，儿女却违背反对这种教诲，二者好像是冤家对头一样，有这样的儿女还不如没有的好。忘恩负义，对父母的恩德不知回报。有的人放纵自己，游乐散漫，沉溺于酒色，鲁莽无知，专横跋扈，胡作非为，不懂得人情世故，不懂得仁义礼貌，也不听从他人的劝告。有的人对父母兄妹、亲戚眷属的生活困难与否全然不关心，不考虑父母的养育之恩，不考虑朋友和老师之间的情义，从内心到言语、行动，没有一点善意可言，不相信诸佛的经典法教，不相信生死因果，善恶有报。妄想害惑阿罗汉，离间僧众使他们互相争斗，蒙昧无知，反认为自己很聪明。不知道是从何处生来，死后又往哪里去，不知仁爱和顺，妄想长生。对慈悲之人的教诲却不肯相信，苦口婆心地给他以劝勉，但他却无动于衷。这些人的心中都是因痴愚而闭塞，对善意良言不能够领悟。在他们寿命将要终结之时，才感到后悔、害怕。不预先修善，到这时才后悔，又有什么用。

"在天地之间，天、人、饿鬼、畜生、地狱五道分明，善恶报应，祸福相承。自己的善恶行为自己承当相应的果报，其他别的人是代替不了的。善人行善事，今世乐善好施，来生得入富贵人家；今世勤修福慧，来世得入贤达人家；恶人做恶事，今世使人痛苦，来世得入穷苦人家；今世痴愚，来世还得入痴愚人家。这其中的道理，只有佛才能知道。佛将这个道理讲说给人们，用以开导他们，但却只有很少的人相信这个道理，并依照佛的说教去修行。所以世间生死轮回，永无休止，堕入三恶道之中的人络绎不绝。像这样的人，世间有很多，所以才有三恶道无量苦恼，让他们辗转其中，生生世世，历经无数劫而不得出来，难以解脱，痛苦不堪言说。

"像这样的五恶、五痛、五烧，犹如大火焚烧人身。如果有人能在大火之中，专一其心，制止意业产生，端正自己的行为思想，言行一致，诚心诚意地做事，且独做各种善事，不做恶事，那么他就可以得到度脱，获得行善的福报，得以在无生无灭的涅槃境界中长生。这就是五大善。"

【说明】

因果报应之说历来都是佛教所强调的，自身的善恶行为得到相应的报应，这是本章经文所论及的内容。佛教因果论的特点正如《瑜伽师地论》卷三十八所载的那样："已作不失，未作不得"，即任何思想行为，凡是已经做了的，在未得到相应的结果之前是不会消失的；反之，不做一定之业因，亦不会得相应之结果。所谓的"三世因果"之说，正如本章经文中所讲述的，现世人们的贫富穷达，是前生所造善恶诸业决定的结果；今生的善恶行为，也必然导致后生的罪福报应。

重重诲勉第三十六

【经文】

佛告弥勒：吾语汝等，如是五恶、五痛、五烧，辗转相生。敢有犯此，当历恶趣。或其今世先被病殃，死生不得，示众见之。或于寿终，入三恶道，愁痛酷毒，自相燋然。共其怨家，更相杀伤。从小微起，成大困剧。皆由贪著财色，不肯施惠；各欲自快，无复曲直；痴欲所迫，厚己争利；富贵荣华，当时快意；不能忍辱，不务修善；威势无几，随以磨灭；天道施张，自然纠举，茕茕忪忪，当入其中。古今有是，痛哉可伤！

汝等得佛经语，熟思惟之。各自端守，终身不怠，尊圣敬善，仁慈博爱。当求度世，拔断生死众恶之本。当离三途忧怖苦痛之道。若曹作善，云何第一？当自端心，当自端身。耳目口鼻皆当自端。身心净洁，与善相应。勿随嗜欲，不犯诸恶。言色当和，身行当专。动作瞻视，安定徐为。作事仓卒，败悔在后。为之不谛，亡其功夫。

【白话】

释迦牟尼佛对弥勒说："我给你们讲述的这五恶、五痛、五烧是辗转轮回的。如果还有人敢于触犯它，那么他必然遭到恶果报应。或者其人在今世就得到现报，先被病痛所困扰，求生不能，求死不得，让大家都能见到他的这种恶行果报。或者其人在寿终之时，堕入三恶道中，忧愁痛苦，酷刑荼毒，自业之火，炙烤其身；与他在生之世结的冤家对头共处一地，互相伤害残杀，从很小的摩擦开始，直到酿成大祸。这两种恶报的原因全部是因为贪财敛物，不肯施舍于他人所致，只求自身的快乐和满足自身的欲望，不顾及行为的对错与否。由痴迷贪婪之心所迫使，与人争夺利益，使自己得到重重的回报。所得到的富贵荣华，只是一时的快乐，不能忍受屈辱，不能精进修行以积善德。一旦威风权势不能长久，磨灭殆尽之时，天道昭然，自会观察到其人的所作所为。其人便会在仓皇之中坠入恶道之中。从古至今有许多这样的例子，真令人痛心啊！

"你们听了我所说的教诲，应当仔细地思索其中的道理。各自遵守奉行教法，终身不要懈怠。尊重修行的人，敬爱乐善好施的人，对众生要仁慈博爱。寻求世间济度众生之道，拔除断灭生死和各种恶的根源。这样，你们将脱离三恶道的忧愁、恐怖和苦痛。你们做善事，首先应该做什么呢？首先应当自行端正身心，端正耳、目、口、鼻。身心洁净，便能与善相呼应。不要顺着自己的嗜好欲望，犯下诸种恶业，语言、面容应当是和颜悦色的，自身的行为应当是端正的，一举一动，一言一行，都应当做到不急不躁，沉稳从容。做事仓猝，必将失败，后悔不已。一旦不慎便会丧失了修行已久的功夫德行。"

【说明】

本章经文首先举出了两个恶报的例子，进而指出不能贪著财色的道理，强调身、心修行的重要性，并为众菩萨及天人的行为作了规范教诲，其中的许多言教，着实令人受启发，如"富贵荣华，当时快意"，"做事仓卒，败悔在后"，"尊圣敬善，仁慈博爱"等等，给人以家教训诫之感。

如贫得宝第三十七

【经文】

汝等广植德本,勿犯道禁。忍辱精进,慈心专一。斋戒①清净,一日一夜,胜在无量寿国为善百岁。所以者何?彼佛国土皆积德众善,无毫发之恶。于此修善十日十夜,胜于他方诸佛国中,为善千岁。所以者何?他方佛国,福德自然,无造恶之地。唯此世间,善少恶多,饮苦食毒,未尝宁息。吾哀汝等,苦心诲谕,授与经法。悉持思之,悉奉行之。尊卑、男女、眷属、朋友,转相教语,自相约检,和顺义理,欢乐慈孝。所作如犯,则自悔过,去恶就善,朝闻夕改,奉持经戒,如贫得宝。改往修来,洒心易行。自然感降,所愿辄得。

佛所行处,国邑丘聚,靡不蒙化。天下和顺,日月清明。风雨以时,灾厉不起。国丰民安,兵戈无用。崇德兴仁,务修礼让。国无盗贼,无有怨枉。强不凌弱,各得其所。

我哀汝等,甚于父母念子。我于此世作佛,以善攻恶,拔生死之苦,令获五德,升无为之安。吾般泥洹②,经道渐灭。人民谄伪,复为众恶,五烧五痛,久后转剧。汝等转相教诫,如佛经法,无得犯也。

弥勒菩萨合掌白言:世人恶苦,如是如是。佛皆慈哀,悉度脱之。受佛重诲,不敢违失。

【注释】

① 斋戒：这里是持斋守戒的意思。斋，原意是指古人在祭祀或举行典礼之前要沐浴更衣，不饮酒，不吃荤，达到洁身清心，用以表示自己的虔诚和维护仪式的庄重性。在佛教中则有两重意思：即指过中午不食，以及素食。对这一斋法的遵守就称为持斋。

② 般泥洹：这里指圆寂。

【白话】

"你们应当多做功德，切勿违犯禁戒。要能忍受各种侮辱，勤奋修行，一心一意，永不后退。你们在这个秽土世界中，如果能够持斋守戒一天一夜的话，那么你们的功德就会比在无量寿佛的极乐世界中行善百年所积累的功德还多。为什么这样说呢？因为在无量寿佛的西方极乐世界中已经积累了各种福德善事，没有丝毫的恶念、恶行存在。如果你们能在这个秽土世界中修善十天十夜，它将胜于你们在其他诸佛的国土中修善千年。为什么呢？因为在诸佛的国土中，福德是自然而有的，根本没有造恶的地方。只有我们现在所处的这个秽土世界，善少恶多，所以众生终日吞吃着各种恶果，从来都没有停止过。我由此为你们感到伤心，所以才苦心劝勉教导你们，授予你们经法，希望你们持守它并仔细思考它所讲述的道理，按经法的要求去做。对任何人，无论尊卑、男女，无论眷属、朋友，你们都要向他们讲述我向你们讲的话，使他们能够互相检查、约束各自的言行，和和顺顺，遵守义理的规定，欢欢乐乐，对儿女有慈爱之心，对父母则有孝顺之心。这样，他们的所作所为一旦违犯了经法义理，他们就会立刻悔过，弃恶从善。早上知道了错误，下午就会改过来；他们对经戒的奉持，就如同贫困的人得到宝物一样不忍心再丢失；改正以往的恶行错误，修行未来的善。去除了心中的污垢，改过了自己的行为，他自然会感受到佛的神力使他各种愿望都能得以实现。

"佛所到之处，无论是大国中的人民，还是偏僻乡邑的百姓，都蒙受了他的教诲。从此天下和顺，没有任何自然灾害发生，风调雨顺，灾害不起，瘟疫不来，国丰民安，战争也不再爆发。因而，只要崇尚道德法规，兴施仁政，那么在国家之中就不会有盗贼，也不会有各种抱怨之声以及冤枉之事发生。众人之间则会强不凌弱，各得其所。

"我对生活在这个秽土世界中的你等众生感到伤心，甚于父母对儿女的哀怜之情。我在这个秽土世界中做佛，就是想以善攻恶，拔除生死之苦，使你等众生获得'五德'，升入无为无碍的境界之中。我圆寂之后，经法佛道会逐渐泯灭，众生会变得狡诈虚伪，重新作恶，五烧五痛将越来越强烈。你们应当将我的话语教授给众生，做他们的老师，引导他们。并且应当记住，对于佛所讲授的经法，千万不能违犯。"

弥勒菩萨恭敬地合掌致礼，说道："世间众生所做的恶以及由此而带来的苦，正如佛所说的一样，实在是太多太多了。而佛对他们仍是怀着慈爱之心，怜惜他们，要使他们度脱苦海。我们承受了佛的谆谆教诲，不敢违反遗漏。"

【说明】

此节经文仍应看做是佛的谆谆教诲，虽然是对菩萨众人的，而实际上是针对现实世界的众生所说的。经文中反复强调现实世界的善少恶多的特点。目的是为了说明要在这个国土上普度众生是多么的不容易，而佛则仍是慈爱怜惜之心在不断地努力着，正体现了大乘佛教普度众生的特点。

礼佛现光第三十八

【经文】

佛告阿难：若曹欲见无量清净平等觉，及诸菩萨阿罗汉等所居国土，应起西向，当日没处恭敬顶礼，称念南无①阿弥陀佛。

阿难即从座起，面西合掌，顶礼白言：我今愿见，极乐世界阿弥陀佛，供养奉事，种诸善根。顶礼之间，忽见阿弥陀佛，容颜广大，色相端严，如黄金山，高出一切诸世界上。又闻十方世界诸佛如来，称扬赞叹阿弥陀佛种种功德，无碍无断。

阿难白言：彼佛净刹，得未曾有，我亦愿乐生于彼土。

世尊告言：其中生者，已曾亲近无量诸佛，植众德本。汝欲生彼，应当一心归依瞻仰②。

作是语时，阿弥陀佛即于掌中放无量光，普照一切诸佛世界。时诸佛国皆悉明现，如处一寻③。

以阿弥陀佛殊胜④光明，极清净故，于此世界所有黑山、雪山、金刚、铁围大小诸山⑤，江河、丛林、天人宫殿一切境界，无不照见。譬如日出，明照世间。乃至泥犁、溪谷、幽冥之处，悉大开辟，皆同一色。犹如劫水⑥，弥满世界，其中万物沉没不现，晃洋浩汗，唯见大水。彼佛光明，亦复如是。声闻、菩萨、一切光明悉皆隐蔽，唯见佛光，明耀显赫。

此会四众，天龙八部⑦，人非人⑧等，皆见极乐世界种种庄严。阿弥陀佛于彼高座，威德巍巍，相好光明。声闻菩萨围绕恭敬。譬如须弥山王，出于海面，明现照耀，清净平正，无有杂秽及异形类。唯是众宝庄严，圣贤共住。阿难及诸菩萨众等，皆大欢喜，踊跃作礼，以头著地，称念南无阿弥陀三藐三佛陀⑨。

诸天人民，以至蜎飞蠕动，睹斯光者，所有疾苦，莫不休止。一切忧恼，莫不解脱。悉皆慈心作善，欢喜快乐。钟磬、琴瑟、箜篌乐器，不鼓自然皆作五音。诸佛国中诸天人民，各持花香，来于虚空，散作供养。尔时，极乐世界过于西方百千俱胝那由他国，以佛威力，如对目前。如净天眼，观一寻地。彼见此土，亦复如是，悉睹娑婆世界释迦如来及比丘众围绕说法。

【注释】

① 南无：梵文 Namas 的音译，亦称"南谟"、"那谟"等，意为"致敬"、"归敬"、"归命"。是佛教信徒一心归顺于佛的用语。常加在佛、菩萨的名称或经典题名之前，表示对佛、菩萨及佛法的尊敬和虔信。如本处的"南无阿弥陀佛"即是。

② 瞻仰：以恭敬之心仰观。

③ 一寻：尺度名词，相当于八尺。这里则形容距离很近。

④ 殊胜：即独一无二的，或绝无仅有的。

⑤ 金刚山：佛经中所载有以下几种说法：（1）指铁围山，又名金刚围山，金刚轮山。《起世经》二谓："诸余大山及须弥山外，别有一山，名斫迦罗（前代旧译为铁围山）。高六百八十万由旬，纵广亦六百八十万由旬。弥密牢固，金刚所成，难可破坏。"（2）指须弥山，《注释摩诘经》一谓："肇曰，须弥山，天帝释所

住，金刚山也。"(3)地名，《长阿含经》十八谓："南州有金刚山，中有修罗宫，所治有六千由旬。"

⑥劫水：劫的意思是极为久远的时节，不能以通常的年月日时来计算。佛教一般将其分为大劫、中劫、小劫。以人的寿命无量岁中，每一百岁减一岁，如此减至十岁，称为减劫；再从十岁起，每一百年增一岁，如此增至八百岁，称为增劫，合此一减一增（也有的认为仅是一减或一增）为一小劫。合二十个小劫为一中劫。八十中劫为一大劫。大劫中又包括成、住、坏、空四个时期，通称"四劫"。据此，有人作了粗略的计算，大约一千六百万年为一小劫，三十二亿年为一中劫，一百二十八亿年为一大劫。劫水则是指坏劫时所发生的大水灾，佛教认为这个时候，雨滴大的像车轴，第二禅天以下都会为大水所淹没，世界将会被完全破坏。正如本经在此所说的情形一样。

⑦天龙八部：又称"八部众"、"龙神八部"。指佛教天神，是护法的八个部族。据《舍利弗问经》等载，包括：（1）天众（Deva）;（2）龙众（Nāga）;（3）夜叉（yaksa）;（4）乾闼婆（Gandharva，香神或乐神）;（5）阿修罗（Asura）;（6）迦楼罗（Garuda，金翅鸟）;（7）紧那罗（Kinnara，人非人，歌神）;（8）摩睺罗迦（Mahoraga，大蟒神）。据称其中天众和龙众最显神灵。又谓八部众是凡眼所看不到的，所以又称为冥众八部。

⑧人非人：参见上条注。其形象似人而非人，多长一角。

⑨三藐三佛陀：又称三耶三佛、三耶三佛檀。佛十号之第三。意思是正遍知者或正等觉者。《智度论》二曰："何名三藐三佛陀？三藐名正，三名遍，佛名知，是言正遍知一切法。"

【白话】

释迦牟尼佛告诫阿难说："你们如果想见阿弥陀佛以及西方极

乐世界中的诸位菩萨、阿罗汉等所居住的净土世界的话,应当起立,面向西方,即日落的地方,恭敬行礼,口中称念:南无阿弥陀佛。"

阿难听了,就从座位上站起来,面向西方,合掌作礼,说:"我现在想见极乐世界的阿弥陀佛,愿意供养侍奉阿弥陀佛,并以此积累功德。"正在他行礼的时候,忽然看见了阿弥陀佛。阿弥陀佛的面容非常广大,相貌端庄威严,像一座黄金山一样,高高地耸立于其他一切世界之上。阿难又听见十方世界的诸佛如来,都在异口同声地称赞慨叹阿弥陀佛的种种功德,那赞扬之声连绵不断。

阿难见到这种景象,说:"我现在看到的阿弥陀佛的净土世界,是我从来也不曾见到过的。我也非常愿意能够往生那里。"

世尊听后告诉阿难说:"西方极乐世界中的这些往生者们,原来都曾经供养侍奉过无数多的佛,积累了各种福德善根。你如果想往生西方极乐世界的话,就应该一心皈依、恭敬瞻仰阿弥陀佛。"

正当释迦牟尼佛说这话的时候,阿弥陀佛就从手掌中放出无量的光,普照一切诸佛世界。当时诸佛国都被显现出来,近在咫尺。

因为阿弥陀佛的殊胜光明以及他的清净无染,所以将这个世界中所有的黑山、雪山、金刚山、铁围山等大大小小的山、江河、丛林、天、人、宫殿等等一切景象,全部都照现出来。就像太阳的光芒普照世间万物一样。阿弥陀佛的光芒甚至将地狱、溪谷、幽冥昏暗之处都照现出来,亦如同黄金般,金光闪耀。阿弥陀佛的光芒就犹如劫水一般,弥散在整个世界之中,万物都被淹没看不见了,烟波浩淼,无边无际,只见到汪洋一片。阿弥陀佛的光芒是如此辉煌,以致于使声闻、菩萨的一切光明都被掩盖了,惟有他的光芒光耀无比。

在此聚会的四众弟子、天龙八部、人非人等,也都亲眼目睹了阿弥陀佛极乐世界的种种庄严之相:阿弥陀佛端坐于他的高座之上，威德巍巍，相好光明。声闻弟子以及菩萨们都恭敬地环绕在他身边。就好像须弥山王，从海面升起，清净平稳，没有任何污浊，没有任何异形物类。只有众多的宝物庄严修饰，只有圣人与贤者共住。阿难及诸位菩萨，都非常高兴，纷纷行礼，以头着地，称念南无阿弥陀佛。

诸天界、世间的众生，及至飞蝇、爬虫之类，凡目睹了阿弥陀佛光芒的，所有疾苦，全都被消除完了。一切烦恼、忧愁，全都被解脱了。他们全都怀着慈爱之心去做善事，欢欢喜喜，快乐无比。钟磬、琴瑟、箜篌等乐器，无人演奏，却也在这时自然而然地发出了美妙的乐声来。诸佛国土之中的所有人民，个个手持鲜花、供香，在虚空中来来往往，洒下鲜花、供香以作供养。那个时候，极乐世界虽然远在西方百千俱胝那由他国之遥，但以佛的威力却使它显现在众人面前。就如同以天眼的神通威力来看眼前的一小块儿地方一样，无不清晰明了。极乐世界中的圣众看我们这个娑婆世界中的众生，也如同娑婆世界的众生看极乐世界中的圣众一样清晰明了。他们也都看见了释迦牟尼佛正在给围绕其左右的比丘们演说《大乘无量寿庄严清净平等觉经》。

【说明】

本节经文有两层意思，首先是释迦牟尼佛告诫众人应该怎样做才能见到阿弥陀佛，也就是面见阿弥陀佛的一个重要方式，即是站立且要面向西方，口念"南无阿弥陀佛"一句。这种方法的灵验与否，在此节亦做了证明，完全是无可怀疑的。这种简单易行的宗教仪式正是本经的一个中心，也是净土宗这一宗派所信奉的中心之一。净土宗在社会上之所以流行甚广，与这个简单仪式也是不可分的。其次是对阿弥陀佛的光明以及极乐世界又作了进一步的描绘和赞叹。

慈氏①述见第三十九

【经文】

尔时佛告阿难及慈氏菩萨：汝见极乐世界宫殿、楼阁、泉池、林树，具足微妙，清净庄严不？汝见欲界诸天②，上致色究竟天③，雨诸香华，遍佛刹不？

阿难对曰：唯然已见。

汝闻阿弥陀佛大音宣布一切世界化众生不？

阿难对曰：唯然已闻。

佛言：汝见彼国净行之众，游处虚空，宫殿随身，无所障碍，遍至十方供养诸佛不？及见彼等念佛相续不？复有众鸟，住虚空界，出种种音，皆是化作，汝悉见不？

慈氏白言：如佛所说，一一皆见。

佛告弥勒：彼国人民有胎生者，汝复见不？

弥勒白言：世尊！我见极乐世界人住胎者，如夜摩天，处于宫殿。又见众生于莲华内结跏趺坐，自然化生。何因缘故彼国人民有胎生者，有化生者？

【注释】

① 慈氏：弥勒菩萨的意译，又称"慈氏菩萨"。

② 欲界诸天：指欲界中的六重天，包括（1）四天王天：东为持国天，南为增长天，西为广目天，北为多闻天；（2）忉利天，又

名三十三天;(3)夜摩天;(4)兜率天;(5)乐变化天;(6)他化自在天。据称欲界诸天都离不开食欲和淫欲。

③色究竟天:色界中最高的天,上立大自在天,主大千世界,也是十住菩萨的最后生处。已离食欲和淫欲。

【白话】

那时候,释迦牟尼佛问阿难和弥勒菩萨:"你们见到西方极乐世界中的宫殿、楼阁、泉池、林树,是否都具有奇妙威严而清净的相状呢?你们是否看见下至欲界诸天,上至色究竟天,都降下香花之雨,遍布十方佛国净土呢?"

阿难回答说:"我们都看见了。"

释迦牟尼佛继续问道:"你们听见阿弥陀佛以他洪亮的声音宣说他将到一切世界中教化度救众生吗?"

阿难回答说:"我们都听见了。"

释迦牟尼佛问:"你们看见极乐世界中清净修行的众生,遨游在虚空之中,他们所居住的那些宫殿都随其身后,竟然没有任何障碍地跟随他们,来往于十方世界中,供养诸佛吗?你们看见他们在不断地念佛吗?还有虚空中飞翔的各种鸟,发出各种不同的啼叫声音,它们都是阿弥陀佛的变化所为,你们看见了吗?"

弥勒菩萨回答说:"正像世尊您所说的那样,我们全都一一看见了。"

释迦牟尼佛又问弥勒菩萨:"西方极乐世界的人民中有些是胎生的,你们也看见了吗?"

弥勒菩萨回答说:"世尊,我看见极乐世界中有胎生的人,好像欲界夜摩天中的人一样,居住在宫殿里。还见到有众生在莲花中结跏趺坐,自然化生。这是因为怎样的因缘,使极乐世界中的人民有胎生的,有化生的呢?"

【说明】

此节经文的讲经方式与前面各节都有不同,具有层层递进、承前启后的特点。以释迦牟尼佛与阿难及弥勒菩萨的一问一答,将前节经文中所描绘的极乐世界的情景步步概括,渐渐引领出胎生与化生两种不同的现象,为下文的进行作了铺垫,引人入胜。

边地疑城第四十

【经文】

佛告慈氏：若有众生，以疑惑心修诸功德，愿生彼国。不了佛智①、不思议智②、不可称智③、大乘广智、无等无伦最上胜智，于此诸智疑惑不信。犹信罪福，修习善本，愿生其国。复有众生，积集善根，希求佛智、普遍智、无等智、威德广大不思议智。于自善根，不能生信。故于往生清净佛国，意志犹豫，无所专据，然犹续念不绝，结其善愿为本，续得往生。是诸人等以此因缘，虽生彼国。不能前至无量寿所，道止佛国界边七宝城中。佛不使尔，身行所作，心自趣向，亦有宝池莲华自然受身。饮食快乐如忉利天，于其城中，不能得出。所居舍宅在地，不能随意高大。于五百岁，常不见佛。不闻经法，不见菩萨、声闻圣众。其人智慧不明，知经复少，心不开解，意不欢乐，是故于彼谓之胎生。

若有众生明信佛智，乃致胜智，断除疑惑，信己善根，作诸功德，至心回向④，皆于七宝华中自然化生，跏趺而坐。须臾之顷，身相光明，智慧功德，如诸菩萨具足成就。

弥勒当知：彼化生者，智慧胜故。其胎生者，五百岁中不见三宝，不知菩萨法式，不得修习功德，无因奉事无量寿佛。当知此人宿世⑤之时，无有智慧，疑惑所致。

【注释】

① 佛智：即佛所特有的智慧。据《大智度论》卷四十六称，佛的智慧有两种，一种是无上正智，名阿耨多罗三藐三菩提；另一种是一切种智，名萨般若（亦作萨云若）。因二者皆为无漏，故而也概称为"佛无漏智"，即是指能断除三界烦恼，证得佛教"真理"的智慧。

② 不思议智：指佛的智慧深广，不可思议，故名。

③ 不可称智：指佛的智慧很多很多，言语无法说尽，故名。

④ 回向：亦作"迴向"、"转向"、"施向"、"趣向"。指把自己所修的功德施往某处，以期用自己的功德，使他人成就佛果。本经中讲述了两种回向，这也是净土宗所创立的一个特有的学说。第一为往向回向，即以自己的功德回施一切众生，使他们能与自己一同往生阿弥陀佛的西方净土世界；第二为还相回向，即在西方净土世界修行止观圆满之后，再回到世间教化众生，使众生也能够共向佛道。

另外，佛教中有三种回向和十种回向之说。三种回向包括：菩提回向，即以自己的功德求取菩提之果位；众生回向，即将自己的功德施于众生；实际回向，以自己的功德求取无为涅槃。《大乘义章》九中有载。十种回向在《华严大疏钞》二十三中记为：一回自而向他，二回少而向多，三回自之因行向他之因行，四回因而向果，五回劣而向胜，六（缺），七回事而向理，八回差别之行而向圆融之行，九回世而向出世，十回顺理之事行而向理所成之事。前三者指回向众生，四至六种回向指回向菩提，七至八种回向指回向于实际，最后二者指回向于实际和菩提。

⑤ 宿世：即前世。佛教将众生存在的时间分为三世，即过去（前世、前生、前际）、现在（现世、现生、中际）、未来（来世、来生、后际），就众生来说，现在的生存为今生，前世的生存叫前

生,命终之后的生存叫来生。是业报轮回说的理论基础之一。本经前面的经文中亦已涉猎。

【白话】

释迦牟尼佛告诉弥勒菩萨说:"众生之中,有的人以怀疑的态度去修诸种功德,希望能够往生西方极乐世界。他们对佛所特有的不思议智、不可称智、大乘广智、无等无伦最上胜智等各种智慧都不理解,而且对于这诸种智慧也持怀疑不相信的态度。但他们仍然还相信作恶获罪,行善得福的因果报应,所以仍然能够修习为善之功德,愿意往生极乐世界。众生之中还有一些人则积累功德善根,希望获得如佛一样的普遍智、无等智、威德广大不思议智等特有的智慧,但对自己的功德善根又不能肯定,所以对于能否往生极乐世界,毫无把握,犹豫不决,没有一心专念佛国净土。但他仍然能够继续持念诵佛,因为他的这种念佛之力以及发愿之力,使他能够往生极乐世界。以上所说的这两类人,因为他们的因缘,虽然往生到极乐世界之中,但他们却不能到达无量寿佛所居住的地方,只能停留在靠近极乐世界边界上的七宝城中。造成这种局面的原因并不在阿弥陀佛,这完全取决于他们自身所做的功德及修行,取决于他们自己内心的取向。这些往生者中也有一些人会从宝池莲花中自然受生。他们虽然在七宝城中,但其饮食方面的待遇也与忉利天是一样的,仍然能够快快乐乐地生活。只是不能走出七宝城。他们所居住的房屋建筑在地上,而不是在虚空之中,不能随意变高变大。在五百年中,见不到阿弥陀佛,听不到阿弥陀佛讲授的经法,也见不到菩萨以及声闻弟子们。这些人的智慧不会长进,对佛典经义了解得又很少,因而他们的心灵得不到开解明朗,精神紧张,不快乐。因为这些原因,所以将这样的众生称为'胎生'。

"而有一些人对佛智乃至胜智则确信不疑，完全断除了各种疑惑之心，相信自己的善根，做各种功德，诚心诚意地回向净土，他们都能在七宝莲花中结跏趺坐，自然化生。片刻之间，他们的身体也会光芒四射，明亮闪耀，他们的智慧以及各种功德，也会和诸位菩萨一样，全部具足圆满。

"弥勒，你应当知道，那些化生者，是因为他们的智慧胜于那些胎生者。那些胎生者，五百年中见不到佛法僧三宝，见不到菩萨所做的各种仪式，得不到修习功德的要领，没有理由去奉事无量寿佛。应当知道，这些人在前世的时候，没有智慧，心中产生疑惑的缘故。"

【说明】

本节经文阐述了胎生者与化生者的区别，指出造成这种区别的原因是众生的"疑惑"所致。疑惑的内容在这里包括四个方面：一是对佛智的疑惑；二是对修行这种宗教活动的疑惑；三是对自身所做善根的疑惑；四是对能否往生极乐世界的疑惑。最后强调坚定信心，断除疑惑。

惑尽见佛第四十一

【经文】

譬如转轮圣王有七宝狱①,王子得罪,禁闭其中。层楼绮殿,宝帐金床,栏窗榻座,妙饰奇珍,饮食衣服,如转轮王,而以金锁系其两足。诸小王子宁乐此不?

慈氏白言:不也,世尊!彼幽系时,心不自在,但以种种方便,欲求出离,求诸近臣,终不从心。轮王欢喜,方得解脱。

佛告弥勒:此诸众生亦复如是。若有堕于疑悔,希求佛智,至广大智。于自善根,不能生信。由闻佛名,起信心故,虽生彼国,于莲华中不得出现。彼处华胎,犹如园苑宫殿之想。何以故?彼中清净,无诸秽恶。然于五百岁中不见三宝,不得供养奉事诸佛,远离一切殊胜善根。以此为苦,不生欣乐。

若此众生,识其罪本,深自悔责,求离彼处,往昔世中过失尽已,然后乃出。即得往诣无量寿所,听闻经法,久久亦当开解欢喜,亦得遍供无数无量诸佛,修诸功德。汝阿逸多②,当知疑惑于诸菩萨为大损害,为失大利。是故应当明信诸佛无上智慧。

慈氏白言:云何此界一类众生,虽亦修善,而不求生?

佛告慈氏:此等众生,智慧微浅,分别西方,不及天界,是以非乐,不求生彼。

慈氏白言:此等众生,虚妄分别,不求佛刹,何免轮回?

佛言:彼等所种善根,不能离相,不求佛慧,深著世乐,人间福报。虽复修福,求人天③果。得报之时,一切丰足。而未能出三界狱中,假使父母、妻子、男女、眷属欲相救免,邪见业王,未能舍离,常处轮回,而不自在。

汝见愚痴之人不种善根,但以世智聪辩,增益邪心,云何出离生死大难?复有众生虽种善根,作大福田。取相④分别,情执深重,求出轮回,终不能得。若以无相智慧,植众德本,身心清净,远离分别,求生净刹,趣佛菩提。当生佛刹,永得解脱。

【注释】

① 七宝狱:由七宝建成的牢狱。
② 阿逸多:指弥勒菩萨。
③ 人天:即人道与天道。
④ 取相:指取执事理之表面形象,并据此而妄加评断。

【白话】

释迦牟尼接着说:"比如转轮圣王的七宝狱,王子一旦犯了法,就会将其监禁其中。那里也是重重的楼阁宫殿,宝帐金床,栏窗榻座,装饰着奇珍异宝;饮食、衣着样样不缺,像转轮王的待遇一样。但他的两脚却被金锁锁住,不能走动,这些小王子住在这里会快乐吗?"

弥勒菩萨回答说："他们不会快乐的，世尊。他们被幽禁的时候，心里会不自在，不高兴，但他们会想出种种方法，离开七宝狱。如果他们乞求身边的大臣们，还不能达到离开的目的的话，就只好等待转轮王高兴的时候，来赦免解脱他们了。"

释迦牟尼佛告诉弥勒菩萨说："这些往生到极乐世界边地七宝城中的众生，也如同小王子们一样。若有人对佛的怀疑产生了后悔之心，并在这种心态的支持下，希望再行求得佛智，及至广大智；对自己的善根又不能坚信不疑。但一听到阿弥陀佛的名号就会在心中生发出信心。这类人虽然往生到了极乐世界，但却被包裹在莲花之中，显现不出来，成了极乐世界中的'花胎'。他们就好像被幽禁起来的王子一样，为什么呢？因为身处七宝城之中，清净无染，没有秽恶，但却有五百年的时间见不到佛法僧三宝，又不能供养、奉侍诸佛，远离了一切殊胜善根，因而，这对他们来说是痛苦，并不是快乐之事。

"如果这类人能够认识到自己的罪根，并深感后悔而自责，希望离开七宝城，将以往所有的过失全部改正过来，那么他就能从七宝城中解脱出来，往生无量寿佛所居住的地方，听闻无量寿佛讲授经法，渐渐使他们的心灵得以开悟，心生欢喜，也能够去供养十方世界中的无数无量诸佛，修行诸种功德。

"弥勒，你应当知道，'疑惑'对于诸菩萨来说是一个很大的损害，为此他们将失去自身的许多大利益。所以，对于诸佛所具有的诸种无上智慧应当深信不疑。"

弥勒菩萨问道："为什么我们现在所居住的这个娑婆世界中的众生之中，有一些人虽也修善，却不求往生西方极乐世界呢？"

释迦牟尼佛回答说："像这样的众生，智慧短浅，他们以为西方极乐世界不如天界，以为那里并不快乐，所以不求往生。"

弥勒菩萨又问："像这样的众生，凭借自己的愚痴妄加推测，不求往生西方极乐世界，怎么能够免除生死轮回之苦呢？"

释迦牟尼佛回答说:"这一类众生所修的福德积累的善根,离不开形色之相,他们不追求性相无碍的佛智,却深深地执着于世俗的快乐,人间的福报。虽然他们也不断地修行福德,但却只能得到人道、天道的果报。他们得到这一果报的时候,就立刻感到一切都满足了。却不知道他们始终没有逃出三界的轮回之狱。即使他们的父母、妻子、儿女等男女亲属之间想要救助他们,使他们在死后能够免除生死轮回之苦,但无奈他们的邪见根深蒂固,不能抛弃,所以他们就会时时处在轮回之中,永远得不到自在、快乐。

"你不见还有一类愚痴的人,他们不修善,不积累功德,凭借着世人所说的所谓'智慧'聪明以及能言善辩的能力,获得世俗利益,扩张自己的邪心,像这样的人怎么能够脱离生死轮回的大灾难呢?还有的众生虽然修行功德,积累了善根,而且广种福田,但他们却执取事理之外的表面现象,并据此而妄加判断,执着于情欲而不愿舍去。像这样的人,想要跳出生死轮回,是永远也办不到的。若有众生获得了见相非相的'无相'智慧,又能广修福德,身心清净无染无污,远离对事物的思量判断。一心一意追求往生西方净土世界,趣向菩提觉悟,那么,他们定能往生极乐世界,得到永远的解脱。"

【说明】

释迦牟尼佛在此用了一个恰当的比喻,将往生于七宝城的众生比做与幽禁在转轮圣王的七宝狱中的王子一样,虽然在物质生活等方面都得到了最大的满足,但精神上始终得不到快乐,这种生活实际上是非常痛苦的。往生于七宝城中的众生,因为疑惑的原因,不能见到阿弥陀佛,不能闻听佛法,远离了一切殊胜善根,这对他们来说也是一种精神痛苦。所以对诸佛的无上智慧不能疑惑，这是本节经文所要总结出的第一层含义。其次，对于是否愿求往生极乐世界的原因也作了说明，一类人之所以不求往生，是因为智慧浅薄。言下之意，若具有佛一样的智慧，那么他定求往生极乐世界了。这样的人不能摆脱生死轮回之苦。另外，还有一类人虽有善根，作大福田，却不能做到以"无相"的智慧看待世间一切事物，所以仍然不能脱离轮回之苦。归结为三点，即仍然是要使众生以"信"为根本，信佛的智慧，以"愿"为条件，诚心愿意往生极乐世界，以"无相"之智慧，抛弃俗事俗物的束缚，这样才能永远解脱。

　　净土宗的先驱者，南北朝僧人昙鸾（476—542）在他的弥陀净土学说之中也特别强调对阿弥陀佛的信奉，对阿弥陀佛的愿力（即本经第六章中所说阿弥陀佛成佛前许下拯救众生的四十八愿）的信奉，以及众生真心希望往生净土的愿望。而这三点正是昙鸾提倡达到解脱的所谓"易行道"。除此以外都属于难行道。

菩萨往生第四十二

【经文】

弥勒菩萨白佛言：今此娑婆世界及诸佛刹不退菩萨①，当生极乐国者，其数几何？

佛告弥勒：于此世界有七百二十亿菩萨，已曾供养无数诸佛，植众德本，当生彼国；诸小行菩萨②，修习功德，当往生者，不可称计。不但我刹诸菩萨等，往生彼国，他方佛土亦复如是。从远照佛刹，有十八俱胝那由他菩萨摩诃萨③，生彼国土；东北方宝藏佛刹，有九十亿不退菩萨，当生彼国；从无量音佛刹、光明佛刹、龙天佛刹、胜力佛刹、师子佛刹、离尘佛刹、德首佛刹、仁王佛刹、华幢佛刹、不退菩萨当往生者，或数十百亿，或数百千亿，乃至万亿。

其第十二佛名无上华，彼有无数诸菩萨众，皆不退转。智慧勇猛，已曾供养无量诸佛，具大精进，发趣一乘④。于七日中，即能摄取百千亿劫大士所修坚固之法。斯等菩萨，皆当往生。其第十三佛名曰无畏，彼有七百九十亿大菩萨众，诸小菩萨及比丘等不可称计，皆当往生。十方世界诸佛名号及菩萨众当往生者，但说其名，穷劫不尽。

【注释】

① 不退菩萨：即阿惟越致不退转菩萨。阿惟越致，意译为"不

退"，即"于无上菩提不退转"的意思。"不退转"的意思是指所修之功德，善根越积越多，不会消失，不会转变。

②小行菩萨：《无量寿经钞》云："十信菩萨名为小行，以不退故。"

③摩诃萨：即摩诃萨埵，意为大众生，大有情。指发大心的众生。犹言菩萨。

④一乘：泛指成佛的惟一教法，这里指大乘。

【白话】

弥勒菩萨向释迦牟尼佛问道："我们现在所在的娑婆世界，以及其他诸佛所居住的国土中，证明了不退转果位的阿惟越致菩萨，以后会往生极乐世界的有多少呢？"

释迦牟尼佛回答道："在我们这个娑婆世界中有七百二十亿位菩萨，他们都曾经供养过无数诸佛，积累了众生的功德，将会往生极乐世界。还有那些只修十信的小功行的菩萨，也因为他们的修行功德而得往生极乐世界者不计其数。不仅我们这个娑婆世界中的众位菩萨会往生极乐世界，其他诸佛所居住的佛国中的菩萨也会往生那里的。从远照佛国往生极乐世界的有十八亿千万大菩萨；东北方的宝藏佛国中有九十亿大菩萨会往生极乐世界；从无量音佛国、光明佛国、龙天佛国、胜力佛国、师子佛国、离尘佛国、德首佛国、仁王佛国、华幢佛国中将往生极乐世界的大菩萨们，有的有数十百亿，有的有数百千亿，有的甚至有万亿。

"除了上述的十一个佛国外，还有第十二个佛国，名叫无上花佛国，在那里的菩萨有无数位，都证得了阿惟越致不退转菩萨果位。他们个个智慧、勇猛，都曾供养过无数的佛，具有了努力不懈的精进之功，发心趣向大乘正道，在七天之中，就能够摄取到百千亿时劫内菩萨所修的不退转之法。这些菩萨，都将往生极乐世界。第十三个佛国，名叫无畏佛国，其中有大菩萨七百九十亿位，小菩萨及比丘等多得不可计数，他们也将往生极乐世界。十方世界中众多的佛国，以及其中的菩萨们将往生极乐世界的，也都不可数计，仅仅称说这众多佛国的名字，用一个时劫的时间也说不完啊。"

【说明】

依靠阿弥陀佛的本愿力往生极乐世界，强调主观的信仰，不作繁缛的哲学论证，宣传死后往生净土，这是本经以及以本经为理论依据的净土宗的特点，加之反复诵念"南无阿弥陀佛"这样简单易行的仪式，所以能够吸引众多的民众。本节经文中所列的众多佛国以及佛国中的众菩萨们的踊跃往生，对一般民众的信仰不能不说会构成一种刺激及仿效的效果，这种以亿计的统计数字着实会令众生惊叹不已，给他们的修行及信心都是一个鼓舞和激励。

非是小乘第四十三

【经文】

佛告慈氏:汝观彼诸菩萨摩诃萨,善获利益①。若有善男子、善女人得闻阿弥陀佛名号,能生一念喜爱之心,归依瞻礼,如说修行。当知此人为得大利,当获如上所说功德。心无下劣,亦不贡高,成就善根,悉皆增上。当知此人非是小乘。于我法中,得名第一弟子。是故,告汝天人、世间、阿修罗等,应当爱乐修习,生希有心。于此经中,生导师想,欲令无量众生速疾安住,得不退转,及欲见彼广大庄严摄受殊胜佛刹圆满功德者,当起精进,听此法门。为求法故,不生退屈谄伪之心。设入大火,不应疑悔。何以故?彼无量亿诸菩萨等,皆悉求此微妙法门,尊重听闻,不生违背。多有菩萨,欲闻此经而不能得。是故,汝等应求此法。

【注释】

① 利益:指功德。

【白话】

释迦牟尼佛告诉弥勒菩萨道:"你看这些大菩萨们,善于求取获得持名往生的功德。如果有善男信女能够听闻到阿弥陀佛的名号,能够生发出一念喜爱之心,皈依、礼敬阿弥陀佛,按照佛的教导去修行，那么，你们应当知道，这样的人因为有一念往生的大利，所以将会获得如上所说的那些功德。他们心中不生卑劣的欲念，也不骄傲狂妄，他们只是积累功德，成就善根，不断增益。这样的人不是小乘中人，在我的法门中，他们是排名第一的弟子。所以，我告诫你等天人和世间众生及阿修罗等，你们都应当热爱、修习本经所授之法，生发向往菩提的稀有之心。依据这《大乘无量寿庄严清净平等觉经》，生发出教导众生往生净土的愿望。凡是希望引领众生迅速获得阿惟越致不退转果位的人，或想依靠本经见到那广大庄严摄受殊胜的美妙净土世界，圆满自己的功德的人，都应当发精进之心，顺从依持这净土法门。为了追求佛法，不生退却、屈服、谄媚、虚伪之心，即使投身在大火之中，也不应怀疑和后悔。为什么呢？因为那些往生净土的无量亿位菩萨们，全都是依持这微妙的念佛法门，并且能够尊重、依顺和听闻受持这一法门，不生违逆背叛之心。另外，还有许多菩萨们，他们非常想听闻此经，但却不能听闻到。所以，你们应当追求本经所讲的最上法门，依靠念佛而往生净土世界。"

【说明】

本节经文可有四层意思：

第一部分到"生希有心"为止，再次强调了本经的重点内容，即念佛名号，皈依瞻礼，如说修行，心存善念，增益善根功德；第二部分从"于此经中"至"当起精进，听此法门"，告诫人们依靠本经应当生发怎样的愿望，以及为此愿望所要付出的行动；第三部分从"为求法故"至"不应疑悔"，强调对待佛法及本经的正确态度；第四部分结语，指出本经的影响及其重要难得性。

受菩提记第四十四

【经文】

若于来世,乃致正法①灭时,当有众生,植诸善本,已曾供养无量诸佛,由彼如来加威力故,能得如是广大法门,摄取受持,当获广大一切智智。于彼法中,广大胜解,获大欢喜。广为他说,常乐修行。

诸善男子及善女人能于是法,若已求、现求、当求者,皆获善利。汝等应当安住无疑,种诸善本;应常修习,使无疑滞,不入一切种类珍宝成就牢狱。

阿逸多,如是等类大威德②者,能生佛法广大异门。由于此法不听闻故,有一亿菩萨退转阿耨多罗三藐三菩提。

若有众生于此经典,书写、供养、受持、读诵,于须臾顷,为他演说,劝令听闻,不生忧恼,乃至昼夜思惟彼刹及佛功德,于无上道,终不退转。彼人临终,假使三千大千世界满中大火,亦能超过,生彼国土。是人已曾值过去佛③,受菩提记。一切如来同所称赞。是故应当专心信受,持诵说行。

【注释】

① 正法:即正确无误的佛法,包括教(教说)、行(修行)和证(证悟)三个方面,是佛教所谓"三时"之一。佛教认为,在释

迦牟尼佛圆寂之后，佛法将日益衰微，分为正、像、末三法时期，称为"三时"。各派说法各异，通行唐代窥基《大乘法苑义林章》卷六的说法："佛灭度后，法有三时，谓正、像、末。具教、行、证三，名为正法；但有教、行、名为像法；有教无余，名为末法。"像法是指与正法相似的佛法，《杂阿含经》卷三十二："如来正法欲灭之时，有相似法生"，只有教、行两个方面。末法谓佛去世久了，佛法将灭，只有教，既无修行，也无证悟。对三时的时限也有多种说法，《南岳思大禅师立誓愿文》和《安乐集》卷下等认为，正法为五百年，像法为一千年，末法为一万年；而《释净土群疑论》卷三引《大悲经》则谓正法千年，像法千年，末法万年。

② 大威德：有伏恶之势谓之大威，有护善之功谓之大德。这里是指菩萨。

③ 过去佛：指迦叶诸佛。佛教谓过去、现在、未来三世皆有佛，现在佛为释迦牟尼佛，未来佛为弥勒佛。

【白话】

"如果在将来之世，乃至正法衰落后的像法、末法时代，众生中若有人在其过去世中积累过功德，供养过无量诸佛，由于他往生往世以来所得到的佛世尊的威力，所以他能够获得像我现在所说的这一念佛法门，对这一法门的摄取受持，将会使他获得广大一切智的智慧。在这一法门中得到解悟，获得大欢喜。从此将此法门广为传说，快乐地依此法门修行。

"一切善男信女，都能依靠这一法门，不论他是过去世已求过，现在世正在求，将来世将要求的，都能够获得往生净土的善利。你们应当对此法门坚信不疑，积累功德善本；应当经常修习，使心灵不存怀疑，不受阻碍，不堕入诸天、二乘、边地疑城等一切种类的哪怕是珍宝修砌的牢狱之中。

"阿逸多,像这样一些在净土法门之外的菩萨们,虽然能够开显佛法的种种方便法门,但由于他们不曾听闻此净土法门的缘故,所以,有一亿个这样的菩萨在修行无上正等正觉佛智的道路上退转回来。

"众生之中若有人对于我所说的这《大乘无量寿庄严清净平等觉经》能够书写、供养、受持、读诵,哪怕只用片刻的时间,为他人演讲宣说此经,劝导他人听闻此经,不生忧愁烦恼;或更昼夜思念西方极乐世界和阿弥陀佛的功德,在修行无上佛道的路上终不退转。这样的人临终之时,即使三千大千世界中充满了劫末大火,他们也能够超越那里,往生那极乐世界。这样的人在过去世的过去佛那里,领受过菩提觉悟的预言,并得到过一切佛如来的称赞。因此,你们应当专心信受、持诵、宣说、修行。"

【说明】

此节经文是释迦牟尼佛对世间众生曾经植诸善本者以及善男信女们所作的预言。

独留此经第四十五

【经文】

吾今为诸众生,说此经法,令见无量寿佛及其国土,一切所有所当为者,皆可求之。无得以我灭度①之后,复生疑惑。当来之世,经道灭尽,我以慈悲哀悯,特留此经止住百岁。其有众生值斯经者,随意所愿,皆可得度。如来兴世,难值难见;诸佛经道,难得难闻。遇善知识②,闻法能行,此亦为难;若闻斯经,信乐受持,难中之难,无过此难!若有众生,得闻佛声,慈心清净,踊跃欢喜,衣毛为起或泪出者,皆由前世曾作佛道,故非凡人。若闻佛号,心中狐疑,于佛经语,都无所信,皆从恶道中来。宿殃未尽,未当度脱,故心狐疑,不信向耳。

【注释】

① 灭度:灭烦恼,度苦海,是"涅槃"的意译。也用以指僧人的死亡。

② 善知识:指善于教化他人,使人萌发善心,进入佛道的高僧。

【白话】

"我现在为诸众生说此经法,是想使你们见到无量寿佛及其他的净土世界,所有的这一切都是可以求取得到的,你们应当做的,也正是要努力求取。不要在我圆寂之后,又产生出疑惑之心。在将来世中,经道都将灭尽。我以对你们的慈悲哀怜之心,特留下此经在世百年。到那时候,若有众生得遇此经,随其心愿,都可得到救济度脱。佛出于此世,是千载难逢的事;诸佛所宣说的经法,更是难得听闻到的;遇到能够教化他人,使人萌发善心,从而进入佛道的高僧,并听闻他说法,然后按照他所说的法去修行,这也很难;你等听闻了这《大乘无量寿庄严清净平等觉经》,而且要信奉受持本经,更是难中之难!若有众生能够听闻到阿弥陀佛的名号,慈悲之心清净,欢喜活跃,以至汗毛竖起,百感交集,涌出泪水者,都是因为其前世曾作佛道,所以他并不是凡人。若有众生闻听阿弥陀佛的名号,心中疑惑不定,对于佛的经语都不相信,那么这些人是由前世恶道中来的,过去的殃祸还未了结,不可能得到度脱,所以他们心里狐疑,不相信阿弥陀佛能接引人们去到那西方极乐净土世界。"

【说明】

本节经文可以看做是对上节经文的一个辅助。对于众生的劝勉、教诲,在这两节中再次得到了体现,释迦佛不仅为众生的未来作了圆满的预言,而且还将《大乘无量寿庄严清净平等觉经》留在世上,以作世人遵行的模本,可谓用心良苦。"如来兴世,难值难见;诸佛经道,难得难闻。遇善知识,闻法能行,此亦为难",这几点点明了佛法僧三宝的重要性,以及珍贵、稀有性,以此说明本经的重要地位,即它是佛亲自讲说的,更应信奉受持,勿生狐疑。

勤修坚持第四十六

【经文】

佛告弥勒：诸佛如来无上之法，十力无畏，无碍无著甚深之法，及波罗蜜等菩萨之法，非易可遇。能说法人，亦难开示。坚固深信，时亦难遭。我今如理宣说，如是广大微妙法门，一切诸佛之所称赞，付嘱汝等，作大守护。为诸有情长夜①利益，莫令众生沦堕五趣，备受危苦。应勤修行，随顺我教。当孝于佛，常念师恩；当令是法久住不灭；当坚持之，无得毁失；无得为妄，增减经法。常念不绝，则得道捷。我法如是，作如是说。如来所行，亦应随行。种修福善，求生净刹。

【注释】

① 长夜：比喻凡夫流转生死。

【白话】

释迦牟尼佛告诉弥勒说："诸佛如来所宣讲的无上之法；佛所具有的十种智力，由此十种智力而产生的无畏力量；自在通达，无所执着的深奥义理，以及从生死迷界的此岸到达涅槃解脱的彼岸的波罗蜜等菩萨之法，并不是人人都容易有机会听闻、听懂的。即使是善于讲经说法的人，也有难于讲清难以开示明白的时候。

义无反顾地坚信难于理解之法，在这个世间难以遇到这种人。我现在按照净土法门的微妙义理向你们如实宣讲，一切十方诸佛对此都给予了称赞。我现在嘱咐你等，你们现在应当作为此经此法门的守护人。为了世间有情众生能够在生死长夜中得到解脱，不要让他们堕入五道轮回之中，备受痛苦，你们应当勤奋修行，随顺我的教诲；信忠于佛，记挂着导师的恩典；应当使此经法久传不衰；要坚持修行诸法门，使它不要有任何损毁和损失；不要妄自增减经法。对我所说的这一经法，时时诵念，使它流传世代不绝，这也就得到了佛法的捷径。我的教法就是这样的，我也就照这样如实地讲授给你们，这是佛所行的道，你们也应随之而行。修善积福，一念专求往生西方极乐净土世界。"

【说明】

本节经文是释迦牟尼佛对弥勒等菩萨的嘱托。为了使众生得以借助他们的力量往生净土，所以特别强调他们要精进勤修。对于"他力"的依赖是净土宗所倡导的，在大乘佛教中即是所谓的功德转换，这同经文前部阿弥陀佛的四十八愿是相吻合的，他希望人们都要凭借他的"愿力"往生净土。

福慧始闻第四十七

【经文】

尔时世尊而说颂曰:
若不往昔修福慧,于此正法不能闻;
已曾供养诸如来,则能欢喜信此事。
恶骄懈怠及邪见,难信如来微妙法;
譬如盲人恒处暗,不能开导于他路。
唯曾于佛值众善,救世之行方能修;
闻已受持及书写,读诵赞演并供养。
如是一心求净方,决定往生极乐国;
假使大火满三千,乘佛威德悉能超。
如来深广智慧海,唯佛与佛乃能知;
声闻亿劫思佛智,尽其神力莫能测。
如来功德佛自知,唯有世尊能开示;
人身难得佛难值,信慧①闻法难中难。
若诸有情当作佛,行超普贤登彼岸;
是故博闻诸智士,应信我教如实言。
如是妙法幸听闻,应常念佛而生喜;
受持广度生死流,佛说此人真善友。

【注释】

① 信慧：五根中的信根与慧根。以"信"来破除邪见，以"慧"来断除无明。

【白话】

于是，世尊宣说了这样的颂偈：
若不往昔修福慧，于此正法不能闻；
已曾供养诸如来，则能欢喜信此事。
恶骄懈怠及邪见，难信如来微妙法；
譬如盲人恒处暗，不能开导于他路。
惟曾于佛值众善，救世之行方能修；
闻已受持及书写，读诵赞演并供养。
如是一心求净方，决定往生极乐国；
假使大火满三千，乘佛威德悉能超。
如来深广智慧海，惟佛与佛乃能知；
声闻亿劫思佛智，尽其神力莫能测。
如来功德佛自知，惟有世尊能开示；
人身难得佛难值，信慧闻法难中难。
若诸有情当作佛，行超普贤登彼岸；
是故博闻诸智士，应信我教如实言。
如是妙法幸听闻，应常念佛而生喜；
受持广度生死流，佛说此人真善友。

【说明】

本节经文以释迦牟尼佛的偈颂将全经文作了一个总结。

闻经获益第四十八

【经文】

尔时世尊说此经法，天人世间有万二千那由他亿众生，远离尘垢，得法眼净①；二十亿众生得阿那含果；六千八百比丘诸漏已尽，心得解脱；四十亿菩萨于无上菩提，住不退转；以弘誓功德而自庄严，二十五亿众生得不退忍；四万亿那由他百千众生，于无上菩提未曾发意，今始初发。种诸善根，愿生极乐，见阿弥陀佛，皆当往生彼如来土，各于异方，次第成佛。同名妙音如来。

复有十方佛刹，若现在生及未来生见阿弥陀佛者，各有八万俱胝那由他人，得授记法忍②，成无上菩提。彼诸有情，皆是阿弥陀佛宿愿因缘，俱得往生极乐世界。

尔时三千大千世界六种震动，并现种种希有神变，放大光明，普照十方。复有诸天于虚空中作妙音乐，出随喜③声，乃至色界诸天，悉皆得闻，叹未曾有。无量妙华，纷纷而降。

尊者阿难、弥勒菩萨及诸菩萨、声闻、天龙八部、一切大众，闻佛所说，皆大欢喜，信受奉行。

【注释】

① 法眼净：即分明见真谛的意思。小乘佛教指在初果即见四谛之理，大乘佛教指在初地得无生法忍。

② 法忍：佛教典籍中，泛指或特指某一事物和现象时，常常贯以"法"字，如"法水"、"法门"、"法乐"等，"法忍"也即同此。忍是忍耐、忍受、认可的意思。对外界的一切苦难（包括人为的和非人为的）、侮辱等都能忍受，并报以无怨无恨的态度，对佛教真如的内容以及其他的一切事物都能够信受认可，这就是"法忍"的内容，认为只有这样，才能断除瞋恚的烦恼，获得大智慧。所以"忍"是一个因，"智"则是果。在《成唯识论》卷九中载"忍"有三种，即耐怨害忍、安受苦忍、谛察法忍。在本经发大誓愿一章中也提到了三忍，但未作具体的说明，关于这点，可参考该章中的注释。

③ 随喜：意思较多，一指对别人所做的善事而生发出欢喜之心；二指对自己所做的功德而发出的欢喜之心，如布施等。另外，对寺院的游历、拜谒也称"随喜"。《法华经》中有《随喜功德品》，专门讲述了随喜之功德。

【白话】

那时，世尊讲完这部《大乘无量寿庄严清净平等觉经》。天界以及世间有一万二千个十万亿的众生得以远离尘世的污浊秽土，得到能够见知四真谛的法眼净；使二十亿的众生证得了阿那含果位；使六千八百名比丘断尽烦恼，心得解脱而得入阿罗汉果位；使四十亿菩萨在修行无上菩提的道路上获得了阿惟越致不退转的果位；使二十五亿众生生发了宏大誓愿，并以他们自身的誓愿获得功德，庄严佛土，最终取得了安于诸法之实相而无移动之念的"不退转忍"；四万亿个十万亿的百千众生，原来不曾有意于佛教经法，现在也生发出愿心，希望能求得无上菩提正道，由此广行善事，积累功德，誓愿往生极乐世界，见阿弥陀佛。他们也会全部往生到西方极乐世界阿弥陀佛的净土之中，各受福报，并将各在一方世界，先后次第成佛，同被称为"妙音如来"。

又有十方佛国之中许多现在往生及未来往生极乐世界，注定要见阿弥陀佛的众生，各有八万个十万亿位。他们得到佛的无生法忍的授记，终将证得无上菩提的佛智慧。这些有情众生，全都是凭借着阿弥陀佛在宿世中所立下的大誓愿积累的功德的缘故，一定得以往生到西方极乐世界之中。

那时候，三千大千世界出现了六种震动，并出现了种种稀有的吉瑞现象，放射出大光明，普照十方。还有诸多天人在虚空中演奏美妙动听的音乐，口中道着"随喜，随喜"之声，及至色界的诸天人，也都听闻到了，都说这是从未发生过的奇迹。还有那无数美丽的花雨，从空中纷纷降落下来。

阿难长老、弥勒菩萨，以及诸多菩萨、声闻弟子、天龙八部等与会的一切大众，听闻佛所说的这部《大乘无量寿庄严清净平等觉经》后，都皆大欢喜，并都恭敬地信受奉行。

【说明】

这是全经的结束之语，属于佛经三分即序分、正宗分、流通分中的流通分部分。通常是指出佛所说之法对世人及各弟子的影响，或将所说之法嘱托弟子，使其广传于四方。这是各种佛经流通分所采用的基本格式。但若从第四十五章开始谓其为流通分部分也未为不可，这里完全是释迦牟尼佛对他所说之经法的总结和对各弟子们的嘱托之词。